Henri Bergson

# Le Rire - Essai sur la signification du comique

© 2024, Henri Bergson (domaine public)
Édition : BoD · Books on Demand, 31 avenue Saint-Rémy, 57600 Forbach, bod@bod.fr
Impression : Libri Plureos GmbH, Friedensallee 273, 22763 Hamburg (Allemagne)
ISBN : 978-2-3225-5866-7
Dépôt légal : Janvier 2025

## Table des matières

Avant-propos .................................................................3

Préface ........................................................................6

Chapitre I *Du comique en général – Le comique des formes et le comique des mouvements – Force d'expansion du comique.* ...................................................................10

    I .............................................................................. 12
    II ............................................................................. 16
    III ........................................................................... 24
    IV ........................................................................... 28
    V ............................................................................ 33

Chapitre II *Le comique de situation et le comique de mots.* 49

    I .............................................................................. 49
    II ............................................................................. 69

Chapitre III *Le comique de caractère.* ............................85

    I .............................................................................. 85
    II ............................................................................ 107
    III ........................................................................... 110
    IV ........................................................................... 113
    V ............................................................................ 120

Appendice de la 23e édition *Sur les définitions du comique et sur la méthode suivie dans ce livre.* ................................ 124

# Avant-propos [1]

Nous réunissons en un volume trois articles sur *Le Rire* (ou plutôt sur *le rire spécialement provoqué par le comique*) que nous avons publiés récemment dans la *Revue de Paris*. Ces articles avaient pour objet de déterminer les principales « catégories » comiques, de grouper le plus grand nombre possible de faits et d'en dégager les lois : ils excluaient, par leur forme même, les discussions théoriques et la critique des systèmes. Devions-nous, en les rééditant, y joindre un examen des travaux relatifs au même sujet et comparer nos conclusions à celles de nos devanciers ? Notre thèse y eût gagné en solidité peut-être ; mais notre exposition se fût compliquer démesurément, en même temps qu'elle eût donner un volume hors de proportion avec l'importance du sujet traité. Nous nous décidons, en conséquence, à reproduire les articles tels qu'ils ont paru. Nous y joignons simplement l'indication des principales recherches entreprises sur la question du comique dans les trente dernières années.

Hecker, *Physiologie und Psychologie des Lachens und des Komischen*, 1873.

Dumont, *Théorie scientifique de la sensibilité*, 1875, p. 202 et suiv. Cf., du même auteur, *Les causes du rire*, 1862.

Courdaveaux, *Études sur le comique*, 1875.

---

[1] Cet avant-propos sera remplacé par la préface suivante à partir de la 23ᵉ édition.

Darwin, *L'expression des émotions*, trad. fr., 1877, p. 214 et suiv.

Philbert, *Le rire*, 1883.

Bain (A.), *Les émotions et la volonté*, trad. fr., 1885, p. 249 et suiv.

Kraepelin, *Zur Psychologie des Komischen* (*Philos. Studien*, vol. II, 1885).

Piderit, *La mimique et la physiognomie*, trad. fr., 1888, p. 126 et suiv.

Spencer, *Essais*, trad. fr., 1891, vol. I, p. 295 et suiv. *Physiologie du rire.*

Penjon, *Le rire et la liberté* (*Revue philosophique*, 1893, t. II).

Mélinand, *Pourquoi rit-on ?* (*Revue des Deux-Mondes*, février 1895).

Ribot, *La psychologie des sentiments*, 1896, p. 342 et suiv.

Lacombe, *Du comique et du spirituel* (*Revue de métaphysique et de morale*, 1897).

Stanley Hall and A. Allin, *The psychology of laughting, tickling and the comic* (*American journal of Psychology*, vol. IX, 1897).

Lipps, *Komik und Humor*, 1898. Cf., du même auteur, *Psychologie der Komik* (*Philosophische Monatshefte*, vol. XXIV, XXV).

Heymans, *Zur Psychologie der Komik* (*Zeitschr. f. Psych. u. Phys. der Sinnesorgane*, vol. XX, 1899).

# Préface [2]

Ce livre comprend trois articles sur *le Rire* (ou plutôt sur *le rire spécialement provoqué par le comique*) que nous avions publiés jadis dans la *Revue de Paris* [3]. Quand nous les réunîmes en volume, nous nous demandâmes si nous devions examiner à fond les idées de nos devanciers et instituer une critique en règle des théories du rire. Il nous parut que notre exposition se compliquerait démesurément, et donnerait un volume hors de proportion avec l'importance du sujet traité. Il se trouvait d'ailleurs que les principales définitions du comique avaient été discutées par nous explicitement ou implicitement, quoique brièvement, à propos de tel ou tel exemple qui faisait penser à quelqu'une d'entre elles. Nous nous bornâmes donc à reproduire nos articles. Nous y joignîmes simplement une liste des principaux travaux publiés sur le comique dans les trente précédentes années.

D'autres travaux ont paru depuis lors. La liste, que nous donnons ci-dessous, s'en trouve allongée. Mais nous n'avons apporté aucune modification au livre lui-même[4]. Non pas, certes, que ces diverses études n'aient éclairé sur plus d'un point la question du rire. Mais notre méthode, qui consiste à déterminer les *procédés de fabrication* du comique, tranche sur celle qui est généralement suivie, et qui vise à enfermer les effets comiques dans une formule très large et très simple. Ces deux méthodes

---

[2] Préface de la 23ᵉ édition (1924)

[3] *Revue de Paris*, 1ᵉʳ et 15 février, 1ᵉʳ mars 1899. En fait 1ᵉʳ février 1900, pp. 512-544, 15 février 1900, pp. 759-790 et 1ᵉʳ mars 1900, pp. 146-179.

[4] Nous avons fait cependant quelques retouches de forme.

ne s'excluent pas l'une l'autre ; mais tout ce que pourra donner la seconde laissera intacts les résultats de la première ; et celle-ci est la seule, à notre avis, qui comporte une précision et une rigueur scientifiques. Tel est d'ailleurs le point sur lequel nous appelons l'attention du lecteur dans l'appendice que nous joignons à la présente édition.

H. B.

Paris, janvier 1924.

Hecker, *Physiologie und Psychologie des Lachens und des Komischen*, 1873.

Dumont, *Théorie scientifique de la sensibilité*, 1875, p. 202 et suiv. Cf., du même auteur, *Les causes du rire*, 1862.

Courdaveaux, *Études sur le comique*, 1875.

Philbert, *Le rire*, 1883.

Bain (A.), *Les émotions et la volonté*, trad. fr., 1885, p. 249 et suiv.

Kraepelin, *Zur Psychologie des Komischen* (Philos. Studien, vol. II, 1885).

Spencer, *Essais*, trad. fr., 1891, vol. I, p. 295 et suiv. *Physiologie du rire*.

Penjon, *Le rire et la liberté* (Revue philosophique, 1893, t. II).

Mélinand, Pourquoi rit-on ? (Revue des Deux-Mondes, février 1895).

Ribot, *La psychologie des sentiments*, 1896, p. 342 et suiv.

Lacombe, *Du comique et du spirituel* (Revue de métaphysique et de morale, 1897).

Stanley Hall and A. Allin, *The psychology of laughting, tickling and the comic* (American journal of Psychology, vol. IX, 1897).

Meredith, *An essay on Comedy*, 1897.

Lipps, *Komik und Humor*, 1898. Cf., du même auteur, *Psychologie der Komik* (*Philosophische Monatshefte*, vol. XXIV, XXV).

Heymans, *Zur Psychologie der Komik* (*Zeitschr. f. Psych. u. Phys. der Sinnesorgane*, vol. XX, 1899).

Ueberhorst, *Das Komische*, 1899.

Dugas, *Psychologie du rire*, 1902.

Sully (James), *An essay on laughter*, 1902 (Trad. fr. de L. et A. Terrier : *Essai sur le rire*, 1904).

Martin (L. J.), *Psychology of Aesthetics : The comic* (*American Journal of Psychology*, 1905, vol. XVI, p. 35-118).

Freud (Sigm.), *Der Witz und seine Beziehung zum Unbewussten*, 1905 ; 2ᵉ édition, 1912.

Cazamian, *Pourquoi nous ne pouvons définir l'humour* (*Revue germanique*, 1906, p. 601-634).

Gaultier, *Le rire et la caricature*, 1906.

Kline, *The psychology of humor* (*American Journal of Psychology*, vol. XVIII, 1907, p. 421-441).

Baldensperger, *Les définitions de l'humour* (*Études d'histoire littéraire*, 1907, vol. I).

Bawden, *The Comic as illustrating the summation-irradiation theory of pleasure-pain* (*Psychological Review*, 1910, vol. XVII, p. 336-346).

Schauer, *Über das Wesen der Komik* (*Arch. f. die gesamte Psychologie*, vol. XVIII, 1910, p. 411-427).

Kallen, *The aesthetic principle in comedy* (*American Journal of Psychology*, vol. XXII, 1911, p. 137-157).

Hollingworth, *Judgments of the Comic* (*Psychological Review*, vol. XVIII, 1911, p. 132-156).

Delage, *Sur la nature du comique* (*Revue du mois*, 1919, vol. XX, p. 337-354).

Bergson, *À propos de* « la nature du comique ». Réponse à l'article précédent (*Revue du mois*, 1919, vol. XX, p. 514-517). Reproduit en partie dans l'appendice de la présente édition.

Eastman, *The sense of humor*, 1921.

# Chapitre I

*Du comique en général – Le comique des formes et le comique des mouvements – Force d'expansion du comique.*

Que signifie le rire ? Qu'y a-t-il au fond du risible ? Que trouverait-on de commun entre une grimace de pitre, un jeu de mots, un *quiproquo* de vaudeville, une scène de fine comédie ? Quelle distillation nous donnera l'essence, toujours la même, à laquelle tant de produits divers empruntent ou leur indiscrète odeur ou leur parfum délicat ? Les plus grands penseurs, depuis Aristote, se sont attaqués à ce petit problème, qui toujours se dérobe sous l'effort, glisse, s'échappe, se redresse, impertinent défi jeté à la spéculation philosophique.

Notre excuse, pour aborder le problème à notre tour, est que nous ne viserons pas à enfermer la fantaisie comique dans une définition. Nous voyons en elle, avant tout, quelque chose de vivant. Nous la traiterons, si légère soit-elle, avec le respect qu'on doit à la vie. Nous nous bornerons à la regarder grandir et s'épanouir. De forme en forme, par gradations insensibles, elle accomplira sous nos yeux de bien singulières métamorphoses. Nous ne dédaignerons rien de ce que nous aurons vu. Peut-être gagnerons-nous d'ailleurs à ce contact soutenu quelque chose de plus souple qu'une définition théorique, — une connaissance pratique et intime, comme celle qui naît d'une longue camaraderie. Et peut-être trouverons-nous aussi que nous avons fait, sans le vouloir, une connaissance utile. Raisonnable, à sa façon, jusque dans ses plus grands écarts, méthodique dans sa folie, rêvant, je le veux bien, mais évoquant en rêve des visions qui sont tout de suite acceptées et comprises d'une société entière, comment la fantaisie comique ne nous renseignerait-elle pas sur les procédés de travail de l'imagination humaine, et plus particulièrement de l'imagination sociale, collective, populaire ? Issue de la vie réelle, apparentée à l'art, comment ne nous dirait-elle pas aussi son mot sur l'art et sur la vie ?

Nous allons présenter d'abord trois observations que nous tenons pour fondamentales. Elles portent moins sur le comique lui-même que sur la place où il faut le chercher.

# I

Voici le premier point sur lequel nous appellerons l'attention. Il n'y a pas de comique en dehors de ce qui est proprement *humain*. Un paysage pourra être beau, gracieux, sublime, insignifiant ou laid ; il ne sera jamais risible. On rira d'un animal, mais parce qu'on aura surpris chez lui une attitude d'homme ou une expression humaine. On rira d'un chapeau ; mais ce qu'on raille alors, ce n'est pas le morceau de feutre ou de paille, c'est la forme que des hommes lui ont donnée, c'est le caprice humain dont il a pris le moule. Comment un fait aussi important, dans sa simplicité, n'a-t-il pas fixé davantage l'attention des philosophes ? Plusieurs ont défini l'homme « un animal qui sait rire ». Ils auraient aussi bien pu le définir un animal qui fait rire, car si quelque autre animal y parvient, ou quelque objet inanimé, c'est par une ressemblance avec l'homme, par la marque que l'homme y imprime ou par l'usage que l'homme en fait.

Signalons maintenant, comme un symptôme non moins digne de remarque, l'*insensibilité* qui accompagne d'ordinaire le rire. Il semble que le comique ne puisse produire son ébranlement qu'à la condition de tomber sur une surface d'âme bien calme, bien unie. L'indifférence est son milieu naturel. Le rire n'a pas de plus grand ennemi que l'émotion. Je ne veux pas dire que nous ne puissions rire d'une personne qui nous inspire de la pitié, par exemple, ou même de l'affection : seulement alors, pour quelques instants, il faudra oublier cette affection, faire taire cette pitié. Dans une société de pures intelligences on ne pleurerait probablement plus, mais on rirait peut-être encore ; tandis que des âmes invariablement sensibles, accordées à l'unisson de la vie, où tout événement se prolongerait en résonance sentimentale, ne connaîtraient ni ne comprendraient le rire. Essayez, un moment, de vous intéresser à tout ce qui se dit et à tout ce qui se fait, agissez, en imagination, avec ceux qui agissent, sentez avec ceux qui sentent, donnez enfin à votre sympathie son plus large épanouissement : comme sous un coup de baguette magique vous verrez les objets les plus légers prendre du poids, et une coloration sévère passer sur toutes choses. Détachez-vous maintenant, assistez à la vie en spectateur indifférent : bien des drames tourneront à la comédie. Il suffit que nous bouchions nos oreilles au son de la musique, dans un salon où l'on danse, pour que les danseurs nous paraissent aussitôt ridicules. Combien d'actions humaines résisteraient à une épreuve de ce genre ? et ne verrions-nous pas beaucoup d'entre elles passer tout à coup du grave au plaisant, si nous les isolions de la musique de sentiment qui les accompagne ? Le comique exige donc enfin, pour produire tout son effet, quelque chose comme une anesthésie momentanée du cœur. Il s'adresse à l'intelligence pure.

Seulement, cette intelligence doit rester en contact avec d'autres intelligences. Voilà le troisième fait sur lequel nous désirions attirer l'attention. On ne goûterait pas le comique si l'on se sentait isolé. Il semble que le rire ait besoin d'un écho. Écoutez-le bien : ce n'est pas un son articulé, net, terminé ; c'est quelque chose qui voudrait se prolonger en se répercutant de proche en proche, quelque chose qui commence par un éclat pour se continuer par des roulements, ainsi que le tonnerre dans la montagne. Et pourtant cette répercussion ne doit pas aller à l'infini. Elle peut cheminer à l'intérieur d'un cercle aussi large qu'on voudra ; le cercle n'en reste pas moins fermé. Notre rire est toujours le rire d'un groupe. Il vous est peut-être arrivé, en wagon ou à une table d'hôte, d'entendre des voyageurs se raconter des histoires qui devaient être comiques pour eux puisqu'ils en riaient de bon cœur. Vous auriez ri comme eux si vous eussiez été de leur société. Mais n'en étant pas, vous n'aviez aucune envie de rire. Un homme, à qui l'on demandait pourquoi il ne pleurait pas à un sermon où tout le monde versait des larmes, répondit : « je ne suis pas de la paroisse. » Ce que cet homme pensait des larmes serait bien plus vrai du rire. Si franc qu'on le suppose, le rire cache une arrière-pensée d'entente, je dirais presque de complicité, avec d'autres rieurs, réels ou imaginaires. Combien de fois n'a-t-on pas dit que le rire du spectateur, au théâtre, est d'autant plus large que la salle est plus pleine ; Combien de fois n'a-t-on pas fait remarquer, d'autre part, que beaucoup d'effets comiques sont intraduisibles d'une langue dans une autre, relatifs par conséquent aux mœurs et aux idées d'une société particulière ? Mais c'est pour n'avoir pas compris l'importance de ce double fait qu'on a vu dans le comique une simple curiosité où l'esprit s'amuse, et dans le rire lui-même un phénomène étrange, isolé, sans rapport avec le reste de l'activité humaine. De là ces définitions qui tendent à faire du comique une relation abstraite aperçue par l'esprit entre des idées, « contraste intellectuel », « absurdité sensible », etc., définitions qui, même si elles convenaient réellement à toutes les formes du comique, n'expliqueraient pas le moins du monde pourquoi le comique nous fait rire. D'où viendrait, en effet, que cette relation logique particulière, aussitôt aperçue, nous contracte, nous dilate, nous secoue, alors que toutes les autres laissent notre corps indifférent ? Ce n'est pas par ce côté que nous aborderons le problème. Pour comprendre le rire, il faut le replacer dans son milieu naturel, qui est la société ; il faut surtout en déterminer la fonction utile, qui est une fonction sociale. Telle sera, disons-le dès maintenant, l'idée directrice de toutes nos recherches. Le rire doit répondre à certaines exigences de la vie en commun. Le rire doit avoir une signification sociale.

Marquons nettement le point où viennent converger nos trois observations préliminaires. Le comique naîtra, semble-t-il, quand des hommes réunis en groupe dirigeront tous leur attention sur un d'entre eux, faisant taire leur sensibilité et exerçant leur seule intelligence. Quel est maintenant le point particulier sur lequel devra se diriger leur attention ? à quoi s'emploiera ici l'intelligence ? Répondre à ces questions sera déjà serrer de plus près le problème. Mais quelques exemples deviennent indispensables.

## II

Un homme, qui courait dans la rue, trébuche et tombe : les passants rient. On ne rirait pas de lui, je pense, si l'on pouvait supposer que la fantaisie lui est venue tout à coup de s'asseoir par terre. On rit de ce qu'il s'est assis involontairement. Ce n'est donc pas son changement brusque d'attitude qui fait rire, c'est ce qu'il y a d'involontaire dans le changement, c'est la maladresse. Une pierre était peut-être sur le chemin. Il aurait fallu changer d'allure ou tourner l'obstacle. Mais par manque de souplesse, par distraction ou obstination du corps, par *un effet de raideur ou de vitesse acquise*, les muscles ont continué d'accomplir le même mouvement quand les circonstances demandaient autre chose. C'est pourquoi l'homme est tombé, et c'est de quoi les passants rient.

Voici maintenant une personne qui vaque à ses petites occupations avec une régularité mathématique. Seulement, les objets qui l'entourent ont été truqués par un mauvais plaisant. Elle trempe sa plume dans l'encrier et en retire de la boue, croit s'asseoir sur une chaise solide et s'étend sur le parquet, enfin agit à contresens ou fonctionne à vide, toujours par un effet de vitesse acquise. L'habitude avait imprimé un élan. Il aurait fallu arrêter le mouvement ou l'infléchir. Mais point du tout, on a continué machinalement en ligne droite. La victime d'une farce d'atelier est donc dans une situation analogue à celle du coureur qui tombe. Elle est comique pour la même raison. Ce qu'il y a de risible dans un cas comme dans l'autre, c'est une certaine *raideur de mécanique* là où l'on voudrait trouver la souplesse attentive et la vivante flexibilité d'une personne. Il y a entre les deux cas cette seule différence que le premier s'est produit de lui-même, tandis que le second a été obtenu artificiellement. Le passant, tout à l'heure, ne faisait qu'observer ; ici le mauvais plaisant *expérimente*.

Toutefois, dans les deux cas, c'est une circonstance extérieure qui a déterminé l'effet. Le comique est donc accidentel ; il reste, pour ainsi dire, à la surface de la personne. Comment pénétrera-t-il à l'intérieur ? Il faudra que la raideur mécanique n'ait plus besoin, pour se révéler, d'un obstacle placé devant elle par le hasard des circonstances ou par la malice de l'homme. Il faudra qu'elle tire de son propre fonds, par une opération naturelle, l'occasion sans cesse renouvelée de se manifester extérieurement. Imaginons donc un esprit qui soit toujours à ce qu'il vient de faire, jamais à ce qu'il fait, comme une mélodie qui retarderait sur son accompagnement. Imaginons une certaine inélasticité native des sens et de l'intelligence, qui fasse que l'on continue de voir ce qui n'est plus, d'entendre ce qui ne résonne plus, de dire ce qui ne convient plus, enfin de s'adapter à une situation passée et imaginaire quand on devrait se modeler sur la réalité présente. Le comique s'installera cette fois dans la personne même : c'est la personne qui lui fournira tout, matière et forme, cause et occasion. Est-il étonnant que le *distrait* (car tel est le personnage que nous venons de décrire) ait tenté généralement la verve des auteurs comiques ? Quand La Bruyère rencontra ce caractère sur son chemin, il comprit, en l'analysant, qu'il tenait une recette pour la fabrication en gros des effets amusants. Il en abusa. Il fit de Ménalque la plus longue et la plus minutieuse des descriptions, revenant, insistant, s'appesantissant outre mesure. La facilité du sujet le retenait. Avec la distraction, en effet, on n'est peut-être pas à la source même du comique, mais on est sûrement dans un certain courant de faits et d'idées qui vient tout droit de la source. On est sur une des grandes pentes naturelles du rire.

Mais l'effet de la distraction peut se renforcer à son tour. Il y a une loi générale dont nous venons de trouver une première application et que nous formulerons ainsi : quand un certain effet comique dérive d'une certaine cause, l'effet nous paraît d'autant plus comique que nous jugeons plus naturelle la cause. Nous rions déjà de la distraction qu'on nous présente comme un simple fait. Plus risible sera la distraction que nous aurons vue naître et grandir sous nos yeux, dont nous connaîtrons l'origine et dont nous pourrons reconstituer l'histoire. Supposons donc, pour prendre un exemple précis, qu'un personnage ait fait des romans d'amour ou de chevalerie sa lecture habituelle. Attiré, fasciné par ses héros, il détache vers eux, petit à petit, sa pensée et sa volonté. Le voici qui circule parmi nous à la manière d'un somnambule. Ses actions sont des distractions. Seulement, toutes ces distractions se rattachent à une cause connue et positive. Ce ne sont plus, purement et simplement, des *absences* ; elles s'expliquent par la *présence* du personnage dans un milieu bien défini, quoique imaginaire. Sans doute une chute est toujours une chute, mais autre chose est de se laisser choir dans un puits parce qu'on regardait n'importe où ailleurs, autre chose y tomber parce qu'on visait une étoile. C'est bien une étoile que Don Quichotte contemplait. Quelle profondeur de comique que celle du romanesque et de l'esprit de chimère ! Et pourtant, si l'on rétablit l'idée de distraction qui doit servir d'intermédiaire, on voit ce comique très profond se relier au comique le plus superficiel. Oui, ces esprits chimériques, ces exaltés, ces fous si étrangement raisonnables nous font rire en touchant les mêmes cordes en nous, en actionnant le même mécanisme intérieur, que la victime d'une farce d'atelier ou le passant qui glisse dans la rue. Ce sont bien, eux aussi, des coureurs qui tombent et des naïfs qu'on mystifie, coureurs d'idéal qui trébuchent sur les réalités, rêveurs candides que guette malicieusement la vie. Mais ce sont surtout de grands distraits, avec cette supériorité sur les autres que leur distraction est systématique, organisée autour d'une idée centrale, — que leurs mésaventures aussi sont bien liées, liées par l'inexorable logique que la réalité applique à corriger le rêve, — et qu'ils provoquent ainsi autour d'eux, par des effets capables de s'additionner toujours les uns aux autres, un rire indéfiniment grandissant.

Faisons maintenant un pas de plus. Ce que la raideur de l'idée fixe est à l'esprit, certains vices ne le seraient-ils pas au caractère ? Mauvais pli de la nature ou contracture de la volonté, le vice ressemble souvent à une courbure de l'âme. Sans doute il y a des vices où l'âme s'installe profondément avec tout ce qu'elle porte en elle de puissance fécondante, et qu'elle entraîne, vivifiés, dans un cercle mouvant de transfigurations. Ceux-là sont des vices tragiques. Mais le vice qui nous rendra comiques est au contraire celui qu'on nous apporte du dehors comme un cadre tout fait où nous nous insérerons. Il nous impose sa raideur, au lieu de nous emprunter notre souplesse. Nous ne le compliquons pas : c'est lui, au contraire, qui nous simplifie. Là paraît précisément résider, — comme nous essaierons de le montrer en détail dans la dernière partie de cette étude, — la différence essentielle entre la comédie et le drame. Un drame, même quand il nous peint des passions ou des vices qui portent un nom, les incorpore si bien au personnage que leurs noms s'oublient, que leurs caractères généraux s'effacent, et que nous ne pensons plus du tout à eux, mais à la personne qui les absorbe ; c'est pourquoi le titre d'un drame ne peut guère être qu'un nom propre. Au contraire, beaucoup de comédies portent un nom commun : *l'Avare, le Joueur*, etc. Si je vous demande d'imaginer une pièce qui puisse s'appeler *le jaloux*, par exemple, vous verrez que *Sganarelle* vous viendra à l'esprit, ou *George Dandin*, mais non pas *Othello* ; *le Jaloux* ne peut être qu'un titre de comédie. C'est que le vice comique a beau s'unir aussi intimement qu'on voudra aux personnes, il n'en conserve pas moins son existence indépendante et simple ; il reste le personnage central, invisible et présent, auquel les personnages de chair et d'os sont suspendus sur la scène. Parfois il s'amuse à les entraîner de son poids et à les faire rouler avec lui le long d'une pente. Mais plus souvent il jouera d'eux comme d'un instrument ou les manœuvrera comme des pantins. Regardez de près : vous verrez que l'art du poète comique est de nous faire si bien connaître ce vice, de nous introduire, nous spectateurs, à tel point dans son intimité, que nous finissons par obtenir de lui quelques fils de la marionnette dont il joue ; nous en jouons alors à notre tour ; une partie de notre plaisir vient de là. Donc, ici encore, c'est bien une espèce d'automatisme qui nous fait rire. Et c'est encore un automatisme très voisin de la simple distraction. Il suffira, pour s'en convaincre, de remarquer qu'un personnage comique est généralement comique dans l'exacte mesure où il s'ignore lui-même. Le comique est *inconscient*. Comme s'il usait à rebours de l'anneau de Gygès, il se rend invisible à lui-même en devenant visible à tout le monde. Un personnage de tragédie ne changera rien à sa conduite parce qu'il saura comment nous la jugeons ; il y pourra persévérer, même avec la pleine conscience de ce qu'il est, même avec le sentiment très net de l'horreur qu'il nous inspire. Mais un défaut ridicule, dès qu'il se sent ridicule, cherche à se modifier, au moins extérieurement. Si Harpagon nous voyait rire de son avarice, je ne dis pas qu'il s'en corrigerait, mais il nous la montrerait moins, ou il nous la montrerait autrement. Disons-le dès maintenant, c'est en ce sens surtout que le rire « châtie les mœurs ». Il fait que nous tâchons tout de suite de paraître ce que nous devrions être, ce que nous finirons sans doute un jour par être véritablement.

Inutile de pousser plus loin cette analyse pour le moment. Du coureur qui tombe au naïf qu'on mystifie, de la mystification à la distraction, de la distraction à l'exaltation, de l'exaltation aux diverses déformations de la volonté et du caractère, nous venons de suivre le progrès par lequel le comique s'installe de plus en plus profondément dans la personne, sans cesser pourtant de nous rappeler, dans ses manifestations les plus subtiles, quelque chose de ce que nous apercevions dans ses formes plus grossières, un effet d'automatisme et de raideur. Nous pouvons maintenant obtenir une première vue, prise de bien loin, il est vrai, vague et confuse encore, sur le côté risible de la nature humaine et sur la fonction ordinaire du rire.

Ce que la vie et la société exigent de chacun de nous, c'est une attention constamment en éveil, qui discerne les contours de la situation présente, c'est aussi une certaine élasticité du corps et de l'esprit, qui nous mette à même de nous y adapter. *Tension et élasticité*, voilà deux forces complémentaires l'une de l'autre que la vie met en jeu. Font-elles gravement défaut au corps ? ce sont les accidents de tout genre, les infirmités, la maladie. À l'esprit ? ce sont tous les degrés de la pauvreté psychologique, toutes les variétés de la folie. Au caractère enfin ? vous avez les inadaptations profondes à la vie sociale, sources de misère, parfois occasions de crime. Une fois écartées ces infériorités qui intéressent le sérieux de l'existence (et elles tendent à s'éliminer elles-mêmes dans ce qu'on a appelé la lutte pour la vie), la personne peut vivre, et vivre en commun avec d'autres personnes. Mais la société demande autre chose encore. Il ne lui suffit pas de vivre ; elle tient à vivre bien. Ce qu'elle a maintenant à redouter, c'est que chacun de nous, satisfait de donner son attention à ce qui concerne l'essentiel de la vie, se laisse aller pour tout le reste à l'automatisme facile des habitudes contractées. Ce qu'elle doit craindre aussi, c'est que les membres dont elle se compose, au lieu de viser à un équilibre de plus en plus délicat de volontés qui s'inséreront de plus en plus exactement les unes dans les autres, se contentent de respecter les conditions fondamentales de cet équilibre : un accord tout fait entre les personnes ne lui suffit pas, elle voudrait un effort constant d'adaptation réciproque. Toute *raideur* du caractère, de l'esprit et même du corps, sera donc suspecte à la société, parce qu'elle est le signe possible d'une activité qui s'endort et aussi d'une activité qui s'isole, qui tend à s'écarter du centre commun autour duquel la société gravite, d'une excentricité enfin. Et pourtant la société ne peut intervenir ici par une répression matérielle, puisqu'elle n'est pas atteinte matériellement. Elle est en présence de quelque chose qui l'inquiète, mais à titre de symptôme seulement, — à peine une menace, tout au plus un geste. C'est donc par un simple geste qu'elle y répondra. Le rire doit être quelque chose de ce genre, une espèce de *geste social*. Par la crainte qu'il inspire, il réprime les excentricités, tient constamment en éveil et en contact réciproque certaines activités d'ordre accessoire qui risqueraient de s'isoler et de s'endormir, assouplit enfin tout ce qui peut rester de raideur mécanique à la surface du corps social. Le rire ne relève donc pas de l'esthétique pure, puisqu'il poursuit (inconsciemment, et même immoralement dans beaucoup de cas particuliers) un but utile de perfectionnement général. Il a quelque chose d'esthétique cependant puisque le comique naît au moment précis où la société et la personne, délivrés du souci de leur conservation, commencent à se traiter elles-mêmes comme des œuvres d'art. En un mot, si l'on trace un cercle autour des actions et dispositions qui compromettent la vie individuelle ou sociale et qui se châtient elles-mêmes par leurs conséquences naturelles, il reste en dehors de ce terrain d'émotion et de lutte, dans une zone neutre où l'homme se donne simplement en spectacle à l'homme, une certaine raideur du corps, de l'esprit et du caractère, que la société voudrait encore éliminer pour obtenir de ses membres la plus grande élasticité et la plus haute sociabilité possibles. Cette raideur est le comique, et le rire en est le châtiment.

Gardons-nous pourtant de demander à cette formule simple une explication immédiate de tous les effets comiques. Elle convient sans doute à des cas élémentaires, théoriques, parfaits, où le comique est pur de tout mélange. Mais nous voulons surtout en faire le *leitmotiv* qui accompagnera toutes nos explications. Il y faudra penser toujours, sans néanmoins s'y appesantir trop, — un peu comme le bon escrimeur doit penser aux mouvements discontinus de la leçon tandis que son corps s'abandonne à la continuité de l'assaut. Maintenant, C'est la continuité même des formes comiques que nous allons tâcher de rétablir, ressaisissant le fil qui va des pitreries du clown aux jeux les plus raffinés de la comédie, suivant ce fil dans des détours souvent imprévus, stationnant de loin en loin pour regarder autour de nous, remontant enfin, si c'est possible, au point où le fil, est suspendu et d'où nous apparaîtra peut-être — puisque le comique se balance entre la vie et l'art — le rapport général de l'art à la vie.

# III

Commençons par le plus simple. Qu'est-ce qu'une physionomie comique ? D'où vient une expression ridicule du visage ? Et qu'est-ce qui distingue ici le comique du laid ? Ainsi posée, la question n'a guère pu être résolue qu'arbitrairement. Si simple qu'elle paraisse, elle est déjà trop subtile pour se laisser aborder de front. Il faudrait commencer par définir la laideur, puis chercher ce que le comique y ajoute : or, la laideur n'est pas beaucoup plus facile à analyser que la beauté. Mais nous allons essayer d'un artifice qui nous servira souvent. Nous allons épaissir le problème, pour ainsi dire, en grossissant l'effet jusqu'à rendre visible la cause. Aggravons donc la laideur, poussons-la jusqu'à la difformité, et voyons comment on passera du difforme au ridicule.

Il est incontestable que certaines difformités ont sur les autres le triste privilège de pouvoir, dans certains cas, provoquer le rire. Inutile d'entrer dans le détail. Demandons seulement au lecteur de passer en revue les difformités diverses, puis de les diviser en deux groupes, d'un côté celles que la nature a orientées vers le risible, de l'autre celles qui s'en écartent absolument. Nous croyons qu'il aboutira à dégager la loi suivante : *Peut devenir comique toute difformité qu'une personne bien conformée arriverait à contrefaire.*

Ne serait-ce pas alors que le bossu fait l'effet d'un homme qui se tient mal ? Son dos aurait contracté un mauvais pli. Par obstination matérielle, par raideur, il persisterait dans l'habitude contractée. Tâchez de voir avec vos yeux seulement. Ne réfléchissez pas et surtout ne raisonnez pas. Effacez l'acquis ; allez à la recherche de l'impression naïve, immédiate, originelle.

C'est bien une vision de ce genre que vous ressaisirez. Vous aurez devant vous un homme qui a voulu se raidir dans une certaine attitude, et si l'on pouvait parler ainsi, faire grimacer son corps.

Revenons maintenant au point que nous voulions éclaircir. En atténuant la difformité risible, nous devrons obtenir la laideur comique. Donc, une expression risible du visage sera celle qui nous fera penser à quelque chose de raidi, de figé, pour ainsi dire, dans la mobilité ordinaire de la physionomie. Un tic consolidé, une grimace fixée, voilà ce que nous y verrons. Dira-t-on que toute expression habituelle du visage, fût-elle gracieuse et belle, nous donne cette même impression d'un pli contracté pour toujours ? Mais il y a ici une distinction importante à faire. Quand nous parlons d'une beauté et même d'une laideur expressives, quand nous disons qu'un visage a de l'expression, il s'agit d'une expression stable peut-être, mais que nous devinons mobile. Elle conserve, dans sa fixité, une indécision où se dessinent confusément toutes les nuances possibles de l'état d'âme qu'elle exprime : telles, les chaudes promesses de la journée se respirent dans certaines matinées vaporeuses de printemps. Mais une expression comique du visage est celle qui ne promet rien de plus que ce qu'elle donne. C'est une grimace unique et définitive. On dirait que toute la vie morale de la personne a cristallisé dans ce système. Et c'est pourquoi un visage est d'autant plus comique qu'il nous suggère mieux l'idée de quelque action simple, mécanique, où la personnalité serait absorbée à tout jamais. Il y a des visages qui paraissent occupés à pleurer sans cesse, d'autres à rire ou à siffler, d'autres à souffler éternellement dans une trompette imaginaire. Ce sont les plus comiques de tous les visages. Ici encore se vérifie la loi d'après laquelle l'effet est d'autant plus comique que nous en expliquons plus naturellement la cause. Automatisme, raideur, pli contracté et gardé, voilà par où une physionomie nous fait rire. Mais cet effet gagne en intensité quand nous pouvons rattacher ces caractères à une cause profonde, à une certaine *distraction fondamentale* de la personne, comme si l'âme s'était laissée fasciner, hypnotiser, par la matérialité d'une action simple.

On comprendra alors le comique de la caricature. Si régulière que soit une physionomie, si harmonieuse qu'on en suppose les lignes, si souples les mouvements, jamais l'équilibre n'en est absolument parfait. On y démêlera toujours l'indication d'un pli qui s'annonce, l'esquisse d'une grimace possible, enfin une déformation préférée où se contournerait plutôt la nature. L'art du caricaturiste est de saisir ce mouvement parfois imperceptible, et de le rendre visible à tous les yeux en l'agrandissant. Il fait grimacer ses modèles comme ils grimaceraient eux-mêmes s'ils allaient jusqu'au bout de leur grimace. Il devine, sous les harmonies superficielles de la forme, les révoltes profondes de la matière. Il réalise des disproportions et des déformations qui ont dû exister dans la nature à l'état de velléité, mais qui n'ont pu aboutir, refoulées par une force meilleure. Son art, qui a quelque chose de diabolique, relève le démon qu'avait terrassé l'ange. Sans doute c'est un art qui exagère et pourtant on le définit très mal quand on lui assigne pour but une exagération, car il y a des caricatures plus ressemblantes que des portraits, des caricatures où l'exagération est à peine sensible, et inversement on peut exagérer à outrance sans obtenir un véritable effet de caricature. Pour que l'exagération soit comique, il faut qu'elle n'apparaisse pas comme le but, mais comme un simple moyen dont le dessinateur se sert pour rendre manifestes à nos yeux les contorsions qu'il voit se préparer dans la nature. C'est cette contorsion qui importe, c'est elle qui intéresse. Et voilà pourquoi on ira la chercher jusque dans les éléments de la physionomie qui sont incapables de mouvement, dans la courbure d'un nez et même dans la forme d'une oreille. C'est que la forme est pour nous le dessin d'un mouvement. Le caricaturiste qui altère la dimension d'un nez, mais qui en respecte la formule, qui l'allonge par exemple dans le sens même où l'allongeait déjà la nature, fait véritablement grimacer ce nez : désormais l'original nous paraîtra, lui aussi, avoir voulu s'allonger et faire la grimace. En ce sens, on pourrait dire que la nature obtient souvent elle-même des succès de caricaturiste. Dans le mouvement par lequel elle a fendu cette bouche, rétréci ce menton, gonflé cette joue, il semble qu'elle ait réussi à aller jusqu'au bout de sa grimace, trompant la surveillance modératrice d'une force plus raisonnable. Nous rions alors d'un visage qui est à lui-même, pour ainsi dire, sa propre caricature.

En résumé, quelle que soit la doctrine à laquelle notre raison se rallie, notre imagination a sa philosophie bien arrêtée : dans toute forme humaine elle aperçoit l'effort d'une âme qui façonne la matière, âme infiniment souple, éternellement mobile, soustraite à la pesanteur parce que ce n'est pas la terre qui l'attire. De sa légèreté ailée cette âme communique quelque chose au corps qu'elle anime : l'immatérialité qui passe ainsi dans la matière est ce qu'on appelle la grâce. Mais la matière résiste et s'obstine. Elle tire à elle, elle voudrait convertir à sa propre inertie et faire dégénérer en automatisme l'activité toujours en éveil de ce principe supérieur. Elle voudrait fixer les mouvements intelligemment variés du corps en plis stupidement contractés, solidifier en grimaces durables les expressions mouvantes de la physionomie, imprimer enfin à toute la personne une attitude telle qu'elle paraisse enfoncée et absorbée dans la matérialité de quelque occupation mécanique au lieu de se renouveler sans cesse au contact d'un idéal vivant. Là où la matière réussit ainsi à épaissir extérieurement la vie de l'âme, à en figer le mouvement, à en contrarier enfin la grâce, elle obtient du corps un effet comique. Si donc on voulait définir ici le comique en le rapprochant de son contraire, il faudrait l'opposer à la grâce plus encore qu'à la beauté. Il est plutôt raideur que laideur.

# IV

Nous allons passer du comique des *formes* à celui des *gestes* et des mouvements. Énonçons tout de suite la loi qui nous paraît gouverner les faits de ce genre. Elle se déduit sans peine des considérations qu'on vient de lire.

Les attitudes, gestes et mouvements du corps humain sont risibles dans l'exacte mesure où ce corps nous fait penser à une simple mécanique.

Nous ne suivrons pas cette loi dans le détail de ses applications immédiates. Elles sont innombrables. Pour la vérifier directement, il suffirait d'étudier de près l'œuvre des dessinateurs comiques, en écartant le côté caricature, dont nous avons donné une explication spéciale, et en négligeant aussi la part de comique qui n'est pas inhérente au dessin lui-même. Car il ne faudrait pas s'y tromper, le comique du dessin est souvent un comique d'emprunt, dont la littérature fait les principaux frais. Nous voulons dire que le dessinateur peut se doubler d'un auteur satirique, voire d'un vaudevilliste, et qu'on rit bien moins alors des dessins eux-mêmes que de la satire ou de la scène de comédie qu'on y trouve représentée. Mais si l'on s'attache au dessin avec la ferme volonté de ne penser qu'au dessin, on trouvera, croyons-nous, que le dessin est généralement comique en proportion de la netteté, et aussi de la discrétion, avec lesquelles il nous fait voir dans l'homme un pantin articulé. Il faut que cette suggestion soit nette, et que nous apercevions clairement, comme par transparence, un mécanisme démontable à l'intérieur de la personne. Mais il faut aussi que la suggestion soit discrète, et que l'ensemble de la personne, où chaque membre a été raidi en pièce mécanique, continue à nous donner l'impression d'un être qui vit. L'effet comique est d'autant plus saisissant, l'art du dessinateur est d'autant plus consommé, que ces deux images, celle d'une personne et celle d'une mécanique, sont plus exactement insérées l'une dans l'autre. Et l'originalité d'un dessinateur comique pourrait se définir par le genre particulier de vie qu'il communique à un simple pantin.

Mais nous laisserons de côté les applications immédiates du principe et nous n'insisterons ici que sur des conséquences plus lointaines. La vision d'une mécanique qui fonctionnerait à l'intérieur de la personne est chose qui perce à travers une foule d'effets amusants ; mais c'est le plus souvent une vision fuyante, qui se perd tout de suite dans le rire qu'elle provoque. Il faut un effort d'analyse et de réflexion pour la fixer.

Voici par exemple, chez un orateur, le geste, qui rivalise avec la parole. Jaloux de la parole, le geste court derrière la pensée et demande, lui aussi, à servir d'interprète. Soit, mais qu'il s'astreigne alors à suivre la pensée dans le détail de ses évolutions. L'idée est chose qui grandit, bourgeonne, fleurit, mûrit, du commencement à la fin du discours. Jamais elle ne s'arrête, jamais elle ne se répète. Il faut qu'elle change à chaque instant, car cesser de changer serait cesser de vivre. Que le geste s'anime donc comme elle ! Qu'il accepte la loi fondamentale de la vie, qui est de ne se répéter jamais ! Mais voici qu'un certain mouvement du bras ou de la tête, toujours le même, me paraît revenir périodiquement. Si je le remarque, s'il suffit à me distraire, si je l'attends au passage et s'il arrive quand je l'attends, involontairement je rirai. Pourquoi ? Parce que j'ai maintenant devant moi une mécanique qui fonctionne automatiquement. Ce n'est plus de la vie, c'est de l'automatisme installé dans la vie et imitant la vie. C'est du comique.

Voilà aussi pourquoi des gestes, dont nous ne songions pas à rire, deviennent risibles quand une nouvelle personne les imite. On a cherché des explications bien compliquées à ce fait très simple. Pour peu qu'on y réfléchisse, on verra que nos états d'âme changent d'instant en instant, et que si nos gestes suivaient fidèlement nos mouvements intérieurs, s'ils vivaient comme nous vivons, ils ne se répéteraient pas : par là, ils défieraient toute imitation. Nous ne commençons donc à devenir imitables que là où nous cessons d'être nous-mêmes. Je veux dire qu'on ne peut imiter de nos gestes que ce qu'ils ont de mécaniquement uniforme et, par là même, d'étranger à notre personnalité vivante. Imiter quelqu'un, c'est dégager la part d'automatisme qu'il a laissée s'introduire dans sa personne. C'est donc, par définition même, le rendre comique, et il n'est pas étonnant que l'imitation fasse rire.

Mais, si l'imitation des gestes est déjà risible par elle-même, elle le deviendra plus encore quand elle s'appliquera à les infléchir, sans les déformer, dans le sens de quelque opération mécanique, celle de scier du bois, par exemple, ou de frapper sur une enclume, ou de tirer infatigablement un cordon de sonnette imaginaire. Ce n'est pas que la vulgarité soit l'essence du comique (quoiqu'elle y entre certainement pour quelque chose). C'est plutôt que le geste saisi paraît plus franchement machinal quand on peut le rattacher à une opération simple, comme s'il était mécanique par destination. Suggérer cette interprétation mécanique doit être un des procédés favoris de la parodie. Nous venons de le déduire *a priori*, mais les pitres en ont sans doute depuis longtemps l'intuition.

Ainsi se résout la petite énigme proposée par Pascal dans un passage des *Pensées* : « Deux visages semblables, dont aucun ne fait rire en particulier, font rire ensemble par leur ressemblance. » On dirait de même : « Les gestes d'un orateur, dont aucun n'est risible en particulier, font rire par leur répétition. » C'est que la vie bien vivante ne devrait pas se répéter. Là où il y a répétition, similitude complète, nous soupçonnons du mécanique fonctionnant derrière le vivant. Analysez votre impression en face de deux visages qui se ressemblent trop : vous verrez que vous pensez à deux exemplaires obtenus avec un même moule, ou à deux empreintes du même cachet, ou à deux reproductions du même cliché, enfin à un procédé de fabrication industrielle. Cet infléchissement de la vie dans la direction de la mécanique est ici la vraie cause du rire.

Et le rire sera bien plus fort encore si l'on ne nous présente plus sur la scène deux personnages seulement, comme dans l'exemple de Pascal, mais plusieurs, mais le plus grand nombre possible, tous ressemblants entre eux, et qui vont, viennent, dansent, se démènent ensemble, prenant en même temps les mêmes attitudes, gesticulant de la même manière. Cette fois nous pensons distinctement à des marionnettes. Des fils invisibles nous paraissent relier les bras aux bras, les jambes aux jambes, chaque muscle d'une physionomie au muscle analogue de l'autre : l'inflexibilité de la correspondance fait que la mollesse des formes se solidifie elle-même sous nos yeux et que tout durcit en mécanique. Tel est l'artifice de ce divertissement un peu gros. Ceux qui l'exécutent n'ont peut-être pas lu Pascal, mais ils ne font, à coup sûr, qu'aller jusqu'au bout d'une idée que le texte de Pascal suggère. Et si la cause du rire est la vision d'un effet mécanique dans le second cas, elle devait l'être déjà, mais plus subtilement, dans le premier.

En continuant maintenant dans cette voie, on aperçoit confusément des conséquences de plus en plus lointaines, de plus en plus importantes aussi, de la loi que nous venons de poser. On pressent des visions plus fuyantes encore d'effets mécaniques, visions suggérées par les actions complexes de l'homme et non plus simplement par ses gestes. On devine que les artifices usuels de la comédie, la répétition périodique d'un mot ou d'une scène, l'interversion symétrique des rôles, le développement géométrique des *quiproquo*s, et beaucoup d'autres jeux encore, pourront dériver leur force comique de la même source, l'art du vaudevilliste étant peut-être de nous présenter une articulation visiblement mécanique d'événements humains tout en leur conservant l'aspect extérieur de la vraisemblance, c'est-à-dire la souplesse apparente de la vie. Mais n'anticipons pas sur des résultats que le progrès de l'analyse devra dégager méthodiquement.

# V

Avant d'aller plus loin, reposons-nous un moment et jetons un coup d'œil autour de nous. Nous le faisions pressentir au début de ce travail : il serait chimérique de vouloir tirer tous les effets comiques d'une seule formule simple. La formule existe bien, en un certain sens ; mais elle ne se déroule pas régulièrement. Nous voulons dire que la déduction doit s'arrêter de loin en loin à quelques effets dominateurs, et que ces effets apparaissent chacun comme des modèles autour desquels se disposent, en cercle, de nouveaux effets qui leur ressemblent. Ces derniers ne se déduisent pas de la formule, mais ils sont comiques par leur parenté avec ceux qui s'en déduisent. Pour citer encore une fois Pascal, nous définirons volontiers ici la marche de l'esprit par la courbe que ce géomètre étudia sous le nom de *roulette*, la courbe que décrit un point de la circonférence d'une roue quand la voiture avance en ligne droite : ce point tourne comme la roue, mais il avance aussi comme la voiture. Ou bien encore il faudra penser à une grande route forestière, avec des *croix* ou carrefours qui la jalonnent de loin en loin : à chaque carrefour on tournera autour de la croix, on poussera une reconnaissance dans les voies qui s'ouvrent, après quoi l'on reviendra, à la direction première. Nous sommes à un de ces carrefours. *Du mécanique plaqué sur du vivant*, voilà une croix où il faut s'arrêter, image centrale d'où l'imagination rayonne dans des directions divergentes. Quelles sont ces directions ? On en aperçoit trois principales. Nous allons les suivre l'une après l'autre, puis nous reprendrons notre chemin en ligne droite.

I. — D'abord, cette vision du mécanique et du vivant insérés l'un dans l'autre nous fait obliquer vers l'image plus vague d'une raideur *quelconque* appliquée sur la mobilité de la vie, s'essayant maladroitement à en suivre les lignes et à en contrefaire la souplesse. On devine alors combien il sera facile à un vêtement de devenir ridicule. On pourrait presque dire que toute mode est risible par quelque côté. Seulement, quand il s'agit de la mode actuelle, nous y sommes tellement habitués que le vêtement nous paraît faire corps avec ceux qui le portent. Notre imagination ne l'en détache pas. L'idée ne nous vient plus d'opposer la rigidité inerte de l'enveloppe à la souplesse vivante de l'objet enveloppé. Le comique reste donc ici à l'état latent. Tout au plus réussira-t-il à percer quand l'incompatibilité naturelle sera si profonde entre l'enveloppant et l'enveloppé qu'un rapprochement même séculaire n'aura pas réussi à consolider leur union : tel est le cas du chapeau à haute forme, par exemple. Mais supposez un original qui s'habille aujourd'hui à la mode d'autrefois : notre attention est appelée alors sur le costume, nous le distinguons absolument de la personne, nous disons que la personne se *déguise* (comme si tout vêtement ne déguisait pas), et le côté risible de la mode passe de l'ombre à la lumière.

Nous commençons à entrevoir ici quelques-unes des grosses difficultés de détail que le problème du comique soulève. Une des raisons qui ont dû susciter bien des théories erronées ou insuffisantes du rire, c'est que beaucoup de choses sont comiques en droit sans l'être en fait, la continuité de l'usage ayant assoupi en elles la vertu comique. Il faut une solution brusque de continuité, une rupture avec la mode, pour que cette vertu se réveille. On croira alors que cette solution de continuité fait naître le comique, tandis qu'elle se borne à nous le faire remarquer. On expliquera le rire par la surprise, par le contraste, etc., définitions qui s'appliqueraient aussi bien à une foule de cas où nous n'avons aucune envie de rire. La vérité n'est pas aussi simple.

Mais nous voici arrivés à l'idée de déguisement. Elle tient d'une délégation régulière, comme nous venons de le montrer, le pouvoir de faire rire. Il ne sera pas inutile de chercher comment elle en use.

Pourquoi rions-nous d'une chevelure qui a passé du brun au blond ? D'où vient le comique d'un nez rubicond ? et pourquoi rit-on d'un nègre ? Question embarrassante, semble-t-il, puisque des psychologues tels que Hecker, Kraepelin, Lipps se la posèrent tour à tour et y répondirent diversement. Je ne sais pourtant si elle n'a pas été résolue un jour devant moi, dans la rue, par un simple cocher, qui traitait de « mal lavé » le client nègre assis dans sa voiture. Mal lavé ! un visage noir serait donc pour notre imagination un visage barbouillé d'encre ou de suie. Et, conséquemment, un nez rouge ne peut être qu'un nez sur lequel on a passé une couche de vermillon. Voici donc que le déguisement a passé quelque chose de sa vertu comique à des cas où l'on ne se déguise plus, mais où l'on aurait pu se déguiser. Tout à l'heure, le vêtement habituel avait beau être distinct de la personne ; il nous semblait faire corps avec elle, parce que nous étions accoutumés à le voir. Maintenant, la coloration noire ou rouge a beau être inhérente à la peau : nous la tenons pour plaquée artificiellement, parce qu'elle nous surprend.

De là, il est vrai, une nouvelle série de difficultés pour la théorie du comique. Une proposition comme celle-ci : « mes vêtements habituels font partie de mon corps », est absurde aux yeux de la raison. Néanmoins l'imagination la tient pour vraie. « Un nez rouge est un nez peint », « un nègre est un blanc déguisé », absurdités encore pour la raison qui raisonne, mais vérités très certaines pour la simple imagination. Il y a donc une logique de l'imagination qui n'est pas la logique de la raison, qui s'y oppose même parfois, et avec laquelle il faudra pourtant que la philosophie compte, non seulement pour l'étude du comique, mais encore pour d'autres recherches du même ordre. C'est quelque chose comme la logique du rêve, mais d'un rêve qui ne serait pas abandonné au caprice de la fantaisie individuelle, étant le rêve rêvé par la société entière. Pour la reconstituer, un effort d'un genre tout particulier est nécessaire, par lequel on soulèvera la croûte extérieure de jugements bien tassés et d'idées solidement assises, pour regarder couler tout au fond de soi-même, ainsi qu'une nappe d'eau souterraine, une certaine continuité fluide d'images qui entrent les unes dans les autres. Cette interpénétration des images ne se fait pas au hasard. Elle obéit à des lois, ou plutôt à des habitudes, qui sont à l'imagination ce que la logique est à la pensée.

Suivons donc cette logique de l'imagination dans le cas particulier qui nous occupe. Un homme qui se déguise est comique. Un homme qu'on croirait déguisé est comique encore. Par extension, tout déguisement va devenir comique, non pas seulement celui de l'homme, mais celui de la société également, et même celui de la nature.

Commençons par la nature. On rit d'un chien à moitié tondu, d'un parterre aux fleurs artificiellement colorées, d'un bois dont les arbres sont tapissés d'affiches électorales, etc. Cherchez la raison ; vous verrez qu'on pense à une mascarade. Mais le comique, ici, est bien atténué. Il est trop loin de la source. Veut-on le renforcer ? Il faudra remonter à la source même, ramener l'image dérivée, celle d'une mascarade, à l'image primitive, qui était, on s'en souvient, celle d'un trucage mécanique de la vie. Une nature truquée mécaniquement, voilà alors un motif franchement comique, sur lequel la fantaisie pourra exécuter des variations avec la certitude d'obtenir un succès de gros rire. On se rappelle le passage si amusant de *Tartarin sur les Alpes* où Bompard fait accepter à Tartarin (et un peu aussi, par conséquent, au lecteur) l'idée d'une Suisse machinée comme les dessous de l'Opéra, exploitée par une compagnie qui y entretient cascades, glaciers et fausses crevasses. Même motif encore, mais transposé en un tout autre ton, dans les *Novel Notes* de l'humoriste anglais Jerome K. Jerome. Une vieille châtelaine, qui ne veut pas que ses bonnes œuvres lui causent trop de dérangement, fait installer à proximité de sa demeure des athées à convertir qu'on lui a fabriqués tout exprès, de braves gens dont on a fait des ivrognes pour qu'elle pût les guérir de leur vice, etc. Il y a des mots comiques où ce motif se retrouve à l'état de résonance lointaine, mêlé à une naïveté, sincère ou feinte, qui lui sert d'accompagnement. Par exemple, le mot d'une dame que l'astronome Cassini avait invitée à venir voir une éclipse de lune, et qui arriva en retard : « M. de Cassini voudra bien recommencer pour moi. » Ou encore cette exclamation d'un personnage de Gondinet, arrivant dans une ville et apprenant qu'il existe un volcan éteint aux environs : « Ils avaient un volcan, et ils l'ont laissé s'éteindre ! »

Passons à la société. Vivant en elle, vivant par elle, nous ne pouvons nous empêcher de la traiter comme un être vivant. Risible sera donc une image qui nous suggérera l'idée d'une société qui se déguise et, pour ainsi dire, d'une mascarade sociale. Or cette idée se forme dès que nous apercevons de l'inerte, du tout fait, du confectionné enfin, à la surface de la société vivante. C'est de la raideur encore, et qui jure avec la souplesse intérieure de la vie. Le côté cérémonieux de la vie sociale devra donc renfermer un comique latent, lequel n'attendra qu'une occasion pour éclater au grand jour. On pourrait dire que les cérémonies sont au corps social ce que le vêtement est au corps individuel : elles doivent leur gravité à ce qu'elles s'identifient pour nous avec l'objet sérieux auquel l'usage les attache, elles perdent cette gravité dès que notre imagination les en isole. De sorte qu'il suffit, pour qu'une cérémonie devienne comique, que notre attention se concentre sur ce qu'elle a de cérémonieux, et que nous négligions sa matière, comme disent les philosophes, pour ne plus penser qu'à sa forme. Inutile d'insister sur ce point. Chacun sait avec quelle facilité la verve comique s'exerce sur les actes sociaux à forme arrêtée, depuis une simple distribution de récompenses jusqu'à une séance de tribunal. Autant de formes et de formules, autant de cadres tout faits où le comique s'insérera.

Mais ici encore on accentuera le comique en le rapprochant de sa source. De l'idée de travestissement, qui est dérivée, il faudra remonter alors à l'idée primitive, celle d'un mécanisme superposé à la vie. Déjà la forme compassée de tout cérémonial nous suggère une image de ce genre. Dès que nous oublions l'objet grave d'une solennité ou d'une cérémonie, ceux qui y prennent part nous font l'effet de s'y mouvoir comme des marionnettes. Leur mobilité se règle sur l'immobilité d'une formule. C'est de l'automatisme. Mais l'automatisme parfait sera, par exemple, celui du fonctionnaire fonctionnant comme une simple machine, ou encore l'inconscience d'un règlement administratif s'appliquant avec une fatalité inexorable et se prenant pour une loi de la nature. Il y a déjà un certain nombre d'années, un paquebot fit naufrage dans les environs de Dieppe. Quelques passagers se sauvaient à grand-peine dans une embarcation. Des douaniers, qui s'étaient bravement portés à leur secours, commencèrent par leur demander « s'ils n'avaient rien à déclarer ». Je trouve quelque chose d'analogue, quoique l'idée soit plus subtile, dans ce mot d'un député interpellant le ministre au lendemain d'un crime commis en chemin de fer : « L'assassin, après avoir achevé sa victime, a dû descendre du train à contre-voie, en violation des règlements administratifs. »

Un mécanisme inséré dans la nature, une réglementation automatique de la société, voilà, en somme, les deux types d'effets amusants où nous aboutissons. Il nous reste, pour conclure, à les combiner ensemble et à voir ce qui en résultera.

Le résultat de la combinaison, ce sera évidemment l'idée d'une réglementation humaine se substituant aux lois mêmes de la nature. On se rappelle la réponse de Sganarelle à Géronte quand celui-ci lui fait observer que le cœur est du côté gauche et le foie du côté droit : « Oui, cela était autrefois ainsi, mais nous avons changé tout cela, et nous faisons maintenant la médecine d'une méthode toute nouvelle. » Et la consultation des deux médecins de M. de Pourceaugnac : « Le raisonnement que vous en avez fait est si docte et si beau qu'il est impossible que le malade ne soit pas mélancolique hypocondriaque ; et quand il ne le serait pas, il faudrait qu'il le devint, pour la beauté des choses que vous avez dites et la justesse du raisonnement que vous avez fait. » Nous pourrions multiplier les exemples ; nous n'aurions qu'à faire défiler devant nous, l'un après l'autre, tous les médecins de Molière. Si loin que paraisse d'ailleurs aller ici la fantaisie comique, la réalité se charge quelquefois de la dépasser. Un philosophe contemporain, argumentateur à outrance, auquel on représentait que ses raisonnements irréprochablement déduits avaient l'expérience contre eux, mit fin à la discussion par cette simple parole : « L'expérience a tort. » C'est que l'idée de régler administrativement la vie est plus répandue qu'on ne le pense ; elle est naturelle à sa manière, quoique nous venions de l'obtenir par un procédé de recomposition. On pourrait dire qu'elle nous livre la quintessence même du pédantisme, lequel n'est guère autre chose, au fond, que l'art prétendant en remontrer à la nature.

Ainsi, en résumé, le même effet va toujours se subtilisant, depuis l'idée d'une *mécanisation* artificielle du corps humain, si l'on peut s'exprimer ainsi, jusqu'à celle d'une substitution quelconque de l'artificiel au naturel. Une logique de moins en moins serrée, qui ressemble de plus en plus à la logique des songes, transporte la même relation dans des sphères de plus en plus hautes, entre des termes de plus en plus immatériels, un règlement administratif finissant par être à une loi naturelle ou morale, par exemple, ce que le vêtement confectionné est au corps qui vit. Des trois directions où nous devions nous engager, nous avons suivi maintenant la première jusqu'au bout. Passons à la seconde, et voyons où elle nous conduira.

II. — Du mécanique plaqué sur du vivant, voilà encore notre point de départ. D'où venait ici le comique ? De ce que le corps vivant se raidissait en machine. Le corps vivant nous semblait donc devoir être la souplesse parfaite, l'activité toujours en éveil d'un principe toujours en travail. Mais cette activité appartiendrait réellement à l'âme plutôt qu'au corps. Elle serait la flamme même de la vie, allumée en nous par un principe supérieur, et aperçue à travers le corps par un effet de transparence. Quand nous ne voyons dans le corps vivant que grâce et souplesse, c'est que nous négligeons ce qu'il y a en lui de pesant, de résistant, de matériel enfin ; nous oublions sa matérialité pour ne penser qu'à sa vitalité, vitalité que notre imagination attribue au principe même de la vie intellectuelle et morale. Mais supposons qu'on appelle notre attention sur cette matérialité du corps. Supposons qu'au lieu de participer de la légèreté du principe qui l'anime, le corps ne soit plus à nos yeux qu'une enveloppe lourde et embarrassante, lest importun qui retient à terre une âme impatiente de quitter le sol. Alors le corps deviendra pour l'âme ce que le vêtement était tout à l'heure pour le corps lui-même, une matière inerte posée sur une énergie vivante. Et l'impression du comique se produira dès que nous aurons le sentiment net de cette superposition. Nous l'aurons surtout quand on nous montrera l'âme *taquinée* par les besoins du corps, — d'un côté la personnalité morale avec son énergie intelligemment variée, de l'autre le corps stupidement monotone, intervenant et interrompant avec son obstination de machine. Plus ces exigences du corps seront mesquines et uniformément répétées, plus l'effet sera saisissant. Mais ce n'est là qu'une question de degré, et la loi générale de ces phénomènes pourrait se formuler ainsi : *Est comique tout incident qui appelle notre attention sur le physique d'une personne alors que le moral est en cause.*

Pourquoi rit-on d'un orateur qui éternue au moment le plus pathétique de son discours ? D'où vient le comique de cette phrase d'oraison funèbre, citée par un philosophe allemand : « Il était vertueux et tout rond » ? De ce que notre attention est brusquement ramenée de l'âme sur le corps. Les exemples abondent dans la vie journalière. Mais si l'on ne veut pas se donner la peine de les chercher, on n'a qu'à ouvrir au hasard un volume de Labiche. On tombera souvent sur quelque effet de ce genre. Ici c'est un orateur dont les plus belles périodes sont coupées par les élancements d'une dent malade, ailleurs c'est un personnage qui ne prend jamais la parole sans s'interrompre pour se plaindre de ses souliers trop étroits ou de sa ceinture trop serrée, etc. Une personne que son corps embarrasse, voilà l'image qui nous est suggérée dans ces exemples. Si un embonpoint excessif est risible, c'est sans doute parce qu'il évoque une image du même genre. Et c'est là encore ce qui rend quelquefois la timidité un peu ridicule. Le timide peut donner l'impression d'une personne que son corps gêne, et qui cherche autour d'elle un endroit où le déposer.

Aussi le poète tragique a-t-il soin d'éviter tout ce qui pourrait appeler notre attention sur la matérialité de ses héros. Dès que le souci du corps intervient, une infiltration comique est à craindre. C'est pourquoi les héros de tragédie ne boivent pas, ne mangent pas, ne se chauffent pas. Même, autant que possible, ils ne s'assoient pas. S'asseoir au milieu d'une tirade serait se rappeler qu'on a un corps. Napoléon, qui était psychologue à ses heures, avait remarqué qu'on passe de la tragédie à la comédie par le seul fait de s'asseoir. Voici comment il s'exprime à ce sujet dans le journal inédit du baron Gourgaud (il s'agit d'une entrevue avec la reine de Prusse après Iéna) : « Elle me reçut sur un ton tragique, comme Chimène : Sire, justice ! justice ! Magdebourg ! Elle continuait sur ce ton qui m'embarrassait fort. Enfin, pour la faire changer, je la priai de s'asseoir. Rien ne coupe mieux une scène tragique ; car, quand on est assis, cela devient comédie. »

Élargissons maintenant cette image : *le corps prenant le pas sur l'âme*. Nous allons obtenir quelque chose de plus général : *la forme voulant primer le fond, la lettre cherchant chicane à l'esprit*. Ne serait-ce pas cette idée que la comédie cherche à nous suggérer quand elle ridiculise une profession ? Elle fait parler l'avocat, le juge, le médecin, comme si c'était peu de chose que la santé et la justice, l'essentiel étant qu'il y ait des médecins, des avocats, des juges, et que les formes extérieures de la profession soient respectées scrupuleusement. Ainsi le moyen se substitue à la fin, la forme au fond, et ce n'est plus la profession qui est faite pour le public, mais le public pour la profession. Le souci constant de la forme, l'application machinale des règles créent ici une espèce d'automatisme professionnel, comparable à celui que les habitudes du corps imposent à l'âme et risible comme lui. Les exemples en abondent au théâtre. Sans entrer dans le détail des variations exécutées sur ce thème, citons deux ou trois textes où le thème lui-même est défini dans toute sa simplicité : « On n'est obligé qu'à traiter les gens dans les formes », dit Diaforius dans le *Malade imaginaire*. Et Bahis, dans *l'Amour médecin* : « Il vaut mieux mourir selon les règles que de réchapper contre les règles. » « Il faut toujours garder les formalités, quoi qu'il puisse arriver », disait déjà Desfonandrès dans la même comédie. Et son confrère Tomès en donnait la raison : « Un homme mort n'est qu'un homme mort, mais une formalité négligée porte un notable préjudice à tout le corps des médecins. » Le mot de Brid'oison, pour renfermer une idée un peu différente, n'en est pas moins significatif : « La-a forme, voyez-vous, la-a forme. Tel rit d'un juge en habit court, qui tremble au seul aspect d'un procureur en robe. La-a forme, la-a forme. »

Mais ici se présente la première application d'une loi qui apparaîtra de plus en plus clairement à mesure que nous avancerons dans notre travail. Quand le musicien donne une note sur un instrument, d'autres notes surgissent d'elles-mêmes, moins sonores que la première, liées à elles par certaines relations définies, et qui lui impriment son timbre en s'y surajoutant : ce sont, comme on dit en physique, les harmoniques du son fondamental. Ne se pourrait-il pas que la fantaisie comique, jusque dans ses inventions les plus extravagantes, obéît à une loi du même genre ? Considérez par exemple cette note comique : la forme voulant primer le fond. Si nos analyses sont exactes, elle doit avoir pour harmonique celle-ci : le corps taquinant l'esprit, le corps prenant le pas sur l'esprit. Donc, dès que le poète comique donnera la première note, instinctivement et involontairement il y surajoutera la seconde. En d'autres termes, *il doublera de quelque ridicule physique le ridicule professionnel.*

Quand le juge Brid'oison arrive sur la scène en bégayant, n'est-il pas vrai qu'il nous prépare, par son bégaiement même, à comprendre le phénomène de cristallisation intellectuelle dont il va nous donner le spectacle ? Quelle parenté secrète peut bien lier cette défectuosité physique à ce rétrécissement moral ? Peut-être fallait-il que cette machine à juger nous apparût en même temps comme une machine à parler. En tout cas, nul autre harmonique ne pouvait compléter mieux le son fondamental.

Quand Molière nous présente les deux docteurs ridicules de *l'Amour médecin*, Bahis et Macroton, il fait parler l'un d'eux très lentement, scandant son discours syllabe par syllabe, tandis que l'autre bredouille. Même contraste entre les deux avocats de M. de Pourceaugnac. D'ordinaire, c'est dans le rythme de la parole que réside la singularité physique destinée à compléter le ridicule professionnel. Et, là où l'auteur n'a pas indiqué un défaut de ce genre, il est rare que l'acteur ne cherche pas instinctivement à le composer.

Il y a donc bien une parenté naturelle, naturellement reconnue, entre ces deux images que nous rapprochions l'une de l'autre, l'esprit s'immobilisant dans certaines formes, le corps se raidissant selon certains défauts. Que notre attention soit détournée du fond sur la forme ou du moral sur le physique, c'est la même impression qui est transmise à notre imagination dans les deux cas ; c'est, dans les deux cas, le même genre de comique. Ici encore nous avons voulu suivre fidèlement une direction naturelle du mouvement de l'imagination. Cette direction, on s'en souvient, était la seconde de celles qui s'offraient à nous à partir d'une image centrale. Une troisième et dernière voie nous reste ouverte. C'est dans celle-là que nous allons maintenant nous engager.

III. — Revenons donc une dernière fois à notre image centrale : du mécanique plaqué sur du vivant. L'être vivant dont il s'agissait ici était un être humain, une personne. Le dispositif mécanique est au contraire une chose. Ce qui faisait donc rire, c'était la transfiguration momentanée d'une personne en chose, si l'on veut regarder l'image de ce biais. Passons alors de l'idée précise d'une mécanique à l'idée plus vague de chose en général. Nous aurons une nouvelle série d'images risibles, qui s'obtiendront, pour ainsi dire, en estompant les contours des premières, et qui conduiront à cette nouvelle loi : *Nous rions toutes les fois qu'une personne nous donne l'impression d'une chose.*

On rit de Sancho Pança renversé sur une couverture et lancé en l'air comme un simple ballon. On rit du baron de Münchhausen devenu boulet de canon et cheminant à travers l'espace. Mais peut-être certains exercices des clowns de cirque fourniraient-ils une vérification plus précise de la même loi. Il faudrait, il est vrai, faire abstraction des facéties que le clown brode sur son thème, principal, et ne retenir que ce thème lui-même, c'est-à-dire les attitudes, gambades et mouvements qui sont ce qu'il y a de proprement « clownique » dans l'art du clown. À deux reprises seulement j'ai pu observer ce genre de comique à l'état pur, et dans les deux cas j'ai eu la même impression. La première fois, les clowns allaient, venaient, se cognaient, tombaient et rebondissaient selon un rythme uniformément accéléré, avec la visible préoccupation de ménager un *crescendo*. Et de plus en plus, c'était sur le *rebondissement* que l'attention du public était attirée. Peu à peu on perdait de vue qu'on eût affaire à des hommes en chair et en os. On pensait à des paquets quelconques qui se laisseraient choir et s'entrechoqueraient. Puis la vision se précisait. Les formes paraissaient s'arrondir, les corps se rouler et comme se ramasser en boule. Enfin apparaissait l'image vers laquelle toute cette scène évoluait sans doute inconsciemment : des ballons de caoutchouc, lancés en tous sens les uns contre les autres. — La seconde scène, plus grossière encore, ne fut pas moins instructive. Deux personnages parurent, à la tête énorme, au crâne entièrement dénudé. Ils étaient armés de grands bâtons. Et, à tour de rôle, chacun laissait tomber son bâton sur la tête de l'autre. Ici encore une gradation était observée. À chaque coup reçu, les corps paraissaient s'alourdir, se figer, envahis par une rigidité croissante. La riposte arrivait, de plus en plus retardée, mais de plus en plus pesante et retentissante. Les crânes résonnaient formidablement dans la salle silencieuse. Finalement, raides et lents, droits comme des I, les deux corps se penchèrent l'un vers l'autre, les bâtons s'abattirent une dernière fois sur les têtes avec un bruit de maillets énormes tombant sur des poutres de chêne, et tout s'étala sur le sol. À ce moment apparut dans toute sa netteté la suggestion que les deux artistes avaient graduellement enfoncée dans l'imagination des spectateurs : « Nous allons devenir, nous sommes devenus des mannequins de bois massif. »

Un obscur instinct peut faire pressentir ici à des esprits incultes quelques-uns des plus subtils résultats de la science psychologique. On sait qu'il est possible d'évoquer chez un sujet hypnotisé, par simple suggestion, des visions hallucinatoires. On lui dira qu'un oiseau est posé sur sa main, et il apercevra l'oiseau, et il le verra s'envoler. Mais il s'en faut que la suggestion soit toujours acceptée avec une pareille docilité. Souvent le magnétiseur ne réussit à la faire pénétrer que peu à peu, par insinuation graduelle. Il partira alors des objets réellement perçus par le sujet, et il tâchera d'en rendre la perception de plus en plus confuse : puis, de degré en degré, il fera sortir de cette confusion la forme précise de l'objet dont il veut créer l'hallucination. C'est ainsi qu'il arrive à bien des personnes, quand elles vont s'endormir, de voir ces masses colorées, fluides et informes, qui occupent le champ de la vision, se solidifier insensiblement en objets distincts. Le passage graduel du confus au distinct est donc le procédé de suggestion par excellence. Je crois qu'on le retrouverait au fond de beaucoup de suggestions comiques, surtout dans le comique grossier, là où parait s'accomplir sous nos yeux la transformation d'une personne en chose. Mais il y a d'autres procédés plus discrets, en usage chez les poètes par exemple, qui tendent peut-être inconsciemment à la même fin. On peut, par certains dispositifs de rythme, de rime et d'assonance, bercer notre imagination, la ramener du même au même en un balancement régulier, et la préparer ainsi à recevoir docilement la vision suggérée. Écoutez ces vers de Régnard, et voyez si l'image fuyante d'une *poupée* ne traverserait pas le champ de votre imagination :

> ... Plus, il doit à maints particuliers
> La somme de dix mil une livre une obole,
> Pour l'avoir sans relâche un an sur sa parole
> Habillé, voituré, chauffé, chaussé, ganté,
> Alimenté, rasé, désaltéré, porté.

Ne trouvez-vous pas quelque chose du même genre dans ce couplet de Figaro (quoiqu'on cherche peut-être ici à suggérer l'image d'un animal plutôt que celle d'une chose) : « Quel homme est-ce ? — C'est un beau, gros, court, jeune vieillard, gris pommelé, rusé, rasé, blasé, qui guette et furète, et gronde et geint tout à la fois. »

Entre ces scènes très grossières et ces suggestions très subtiles il y a place pour une multitude innombrable d'effets amusants, — tous ceux qu'on obtient en s'exprimant sur des personnes comme on le ferait sur de simples choses. Cueillons-en un ou deux exemples dans le théâtre de Labiche, où ils abondent. M. Perrichon, au moment de monter en wagon, s'assure qu'il n'oublie aucun de ses colis. « Quatre, cinq, six, ma femme sept, ma fille huit et moi neuf. » Il y a une autre pièce où un père vante la science de sa fille en ces termes : « Elle vous dira sans broncher tous les rois de France qui ont eu lieu. » Ceux *qui ont eu lieu*, sans précisément convertir les rois en simples choses, les assimile à des événements impersonnels.

Notons-le à propos de ce dernier exemple : il n'est pas nécessaire d'aller jusqu'au bout de l'identification entre la personne et la chose pour que l'effet comique se produise. Il suffit qu'on entre dans cette voie, en affectant, par exemple, de confondre la personne avec la fonction qu'elle exerce. Je ne citerai que ce mot d'un maire de village dans un roman d'About : « M. le Préfet, qui nous a toujours conservé la même bienveillance, quoiqu'on l'ait changé plusieurs fois depuis ... »

Tous ces mots sont faits sur le même modèle. Nous pourrions en composer indéfiniment, maintenant que nous possédons la formule. Mais l'art du conteur et du vaudevilliste ne consiste pas simplement à composer le mot. Le difficile est de donner au mot sa force de suggestion, c'est-à-dire de le rendre acceptable. Et nous ne l'acceptons que parce qu'il nous paraît ou sortir d'un état d'âme ou s'encadrer dans les circonstances. Ainsi nous savons que M. Perrichon est très ému au moment de faire son premier voyage. L'expression « avoir lieu » est de celles qui ont dû reparaître bien des fois dans les leçons récitées par la fille devant son père ; elle nous fait penser à une récitation. Et enfin l'admiration de la machine administrative pourrait, à la rigueur, aller jusqu'à nous faire croire que rien n'est changé au préfet quand il change de nom, et que la fonction s'accomplit indépendamment du fonctionnaire.

Nous voilà bien loin de la cause originelle du rire. Telle forme comique, inexplicable par elle-même, ne se comprend en effet que par sa ressemblance avec une autre, laquelle ne nous fait rire que par sa parenté avec une troisième, et ainsi de suite pendant très longtemps : de sorte que l'analyse psychologique, si éclairée et si pénétrante qu'on la suppose, s'égarera nécessairement si elle ne tient pas le fil le long duquel l'impression comique a cheminé d'une extrémité de la série à l'autre. D'où vient cette continuité de progrès ? Quelle est donc la pression, quelle est l'étrange poussée qui fait glisser ainsi le comique d'image en image, de plus en plus loin du point d'origine, jusqu'à ce qu'il se fractionne et se perde en analogies infiniment lointaines ? Mais quelle est la force qui divise et subdivise les branches de l'arbre en rameaux, la racine en radicelles ? Une loi inéluctable condamne ainsi toute énergie vivante, pour le peu qu'il lui est alloué de temps, à couvrir le plus qu'elle pourra d'espace. Or c'est bien une énergie vivante que la fantaisie comique, plante singulière qui a poussé vigoureusement sur les parties rocailleuses du sol social, en attendant que la culture lui permît de rivaliser avec les produits les plus raffinés de l'art. Nous sommes loin du grand art, il est vrai, avec les exemples de comique qui viennent de passer sous nos yeux. Mais nous nous en rapprocherons déjà davantage, sans y atteindre tout à fait encore, dans le chapitre qui va suivre. Au-dessous de l'art, il y a l'artifice. C'est dans cette zone des artifices, mitoyenne entre la nature et l'art, que nous pénétrons maintenant. Nous allons traiter du vaudevilliste et de l'homme d'esprit.

# Chapitre II

## *Le comique de situation et le comique de mots.*

### I

Nous avons étudié le comique dans les formes, les attitudes, les mouvements en général. Nous devons le rechercher maintenant dans les actions et dans les situations. Certes, ce genre de comique se rencontre assez facilement dans la vie de tous les jours. Mais ce n'est peut-être pas là qu'il se prête à l'analyse le mieux. S'il est vrai que le théâtre soit un grossissement et une simplification de la vie, la comédie pourra nous fournir, sur ce point particulier de notre sujet, plus d'instruction que la vie réelle. Peut-être même devrions-nous pousser la simplification plus loin encore, remonter à nos souvenirs les plus anciens, chercher, dans les jeux qui amusèrent l'enfant, la première ébauche des combinaisons qui font rire l'homme. Trop souvent nous parlons de nos sentiments de plaisir et de peine comme s'ils naissaient vieux, comme si chacun d'eux n'avait pas son histoire. Trop souvent surtout nous méconnaissons ce qu'il y a d'encore enfantin, pour ainsi dire, dans la plupart de nos émotions joyeuses. Combien de plaisirs présents se réduiraient pourtant, si nous les examinions de près, à n'être que des souvenirs de plaisirs passés ! Que resterait-il de beaucoup de nos émotions si nous les ramenions à ce qu'elles ont de strictement senti, si nous en retranchions tout ce qui est simplement remémoré ? Qui sait même si nous ne devenons pas, à partir d'un certain âge, imperméables à la joie fraîche et neuve, et si les plus douces satisfactions de l'homme mûr peuvent être autre chose que des sentiments d'enfance revivifiés, brise parfumée que nous envoie par bouffées de plus en plus rares un passé de plus en plus lointain ? Quelque réponse d'ailleurs qu'on fasse à cette question très générale, un point reste hors de doute : c'est qu'il ne peut pas y avoir solution de continuité entre le plaisir du jeu, chez l'enfant, et le même plaisir chez l'homme. Or la comédie est bien un jeu, un jeu qui imite la vie. Et si, dans les jeux de l'enfant, alors qu'il manœuvre poupées et pantins, tout se fait par ficelles, ne sont-ce pas ces mêmes ficelles que nous devons retrouver, amincies par l'usage, dans les fils qui nouent les situations de comédie ? Partons donc des jeux de l'enfant. Suivons le progrès insensible par lequel il fait grandir ses pantins, les anime, et les amène à cet état d'indécision finale où, sans cesser d'être des pantins, ils sont pourtant devenus des hommes. Nous aurons ainsi des personnages de comédie. Et nous pourrons vérifier sur eux la loi que nos précédentes analyses nous laissaient prévoir, loi par laquelle nous définirons les situations de vaudeville en général : *Est comique tout arrangement d'actes et d'événements qui nous donne, insérées l'une dans l'autre, l'illusion de la vie et la sensation nette d'un agencement mécanique.*

I. — *Le diable à ressort.* — Nous avons tous joué autrefois avec le diable qui sort de sa boîte. On l'aplatit, il se redresse. On le repousse plus bas, il rebondit plus haut. On l'écrase sous son couvercle, et souvent il fait tout sauter. Je ne sais si ce jouet est très ancien, mais le genre d'amusement qu'il renferme est certainement de tous les temps. C'est le conflit de deux obstinations, dont l'une, purement mécanique, finit pourtant d'ordinaire par céder à l'autre, qui s'en amuse. Le chat qui joue avec la souris, qui la laisse chaque fois partir comme un ressort pour l'arrêter net d'un coup de patte, se donne un amusement du même genre.

Passons alors au théâtre. C'est par celui de Guignol que nous devons commencer. Quand le commissaire s'aventure sur la scène, il reçoit aussitôt, comme de juste, un coup de bâton qui l'assomme. Il se redresse, un second coup l'aplatit. Nouvelle récidive, nouveau châtiment. Sur le rythme uniforme du ressort qui se tend et se détend, le commissaire s'abat et se relève, tandis que le rire de l'auditoire va toujours grandissant.

Imaginons maintenant un ressort plutôt moral, une idée qui s'exprime, qu'on réprime, et qui s'exprime encore, un flot de paroles qui s'élance, qu'on arrête et qui repart toujours. Nous aurons de nouveau la vision d'une force qui s'obstine et d'un autre entêtement qui la combat. Mais cette vision aura perdu de sa matérialité. Nous ne serons plus à Guignol ; nous assisterons à une vraie comédie.

Beaucoup de scènes comiques se ramènent en effet à ce type simple. Ainsi, dans la scène du *Mariage forcé* entre Sganarelle et Pancrace, tout le comique vient d'un conflit entre l'idée de Sganarelle, qui veut forcer le philosophe à l'écouter, et l'obstination du philosophe, véritable machine à parler qui fonctionne automatiquement. À mesure que la scène avance, l'image du diable à ressort se dessine mieux, si bien qu'à la fin les personnages eux-mêmes en adoptent le mouvement, Sganarelle repoussant chaque fois Pancrace dans la coulisse. Pancrace revenant chaque fois sur la scène pour discourir encore. Et quand Sganarelle réussit à faire rentrer Pancrace et à l'enfermer à l'intérieur de la maison (j'allais dire au fond de la boîte), tout à coup la tête de Pancrace réapparaît par la fenêtre qui s'ouvre, comme si elle faisait sauter un couvercle.

Même jeu de scène dans le *Malade imaginaire*. La médecine offensée déverse sur Argan, par la bouche de M. Purgon, la menace de toutes les maladies. Et chaque fois qu'Argan se soulève de son fauteuil, comme pour fermer la bouche à Purgon, nous voyons celui-ci s'éclipser un instant, comme si on l'enfonçait dans la coulisse, puis, comme mû par un ressort, remonter sur la scène avec une malédiction nouvelle. Une même exclamation sans cesse répétée : « Monsieur Purgon ! » scande les moments de cette petite comédie.

Serrons de plus près encore l'image du ressort qui se tend, se détend et se retend. Dégageons-en l'essentiel. Nous allons obtenir un des procédés usuels de la comédie classique, la *répétition*.

D'où vient le comique de la répétition d'un mot au théâtre ? On cherchera vainement une théorie du comique qui réponde d'une manière satisfaisante à cette question très simple. Et la question reste en effet insoluble, tant qu'on veut trouver l'explication d'un trait amusant dans ce trait lui-même, isolé de ce qu'il nous suggère. Nulle part ne se trahit mieux l'insuffisance de la méthode courante. Mais la vérité est que si on laisse de côté quelques cas très spéciaux sur lesquels nous reviendrons plus loin, la répétition d'un mot n'est pas risible par elle-même. Elle ne nous fait rire que parce qu'elle symbolise un certain jeu particulier d'éléments moraux, symbole lui-même d'un jeu tout matériel. C'est le jeu du chat qui s'amuse avec la souris, le jeu de l'enfant qui pousse et repousse le diable au fond de sa boite, — mais raffiné, spiritualisé, transporté dans la sphère des sentiments et des idées. Énonçons la loi qui définit, selon nous, les principaux effets comiques de répétition de mots au théâtre : *Dans une répétition comique de mots il y a généralement deux termes en présence, un sentiment comprimé qui se détend comme un ressort, et une idée qui s'amuse à comprimer de nouveau le sentiment.*

Quand Dorine raconte à Orgon la maladie de sa femme, et que celui-ci l'interrompt sans cesse pour s'enquérir de la santé de Tartuffe, la question qui revient toujours : « Et Tartuffe ? » nous donne la sensation très nette d'un ressort qui part. C'est ce ressort que Dorine s'amuse à repousser en reprenant chaque fois le récit de la maladie d'Elmire. Et lorsque Scapin vient annoncer au vieux Géronte que son fils a été emmené prisonnier sur la fameuse galère, qu'il faut le racheter bien vite, il joue avec l'avarice de Géronte absolument comme Dorine avec l'aveuglement d'Orgon. L'avarice, à peine comprimée, repart automatiquement, et c'est cet automatisme que Molière a voulu marquer par la répétition machinale d'une phrase où s'exprime le regret de l'argent qu'il va falloir donner : « Que diable allait-il faire dans cette galère ? » Même observation pour la scène où Valère représente à Harpagon qu'il aurait tort de marier sa fille à un homme qu'elle n'aime pas. « Sans dot ! » interrompt toujours l'avarice d'Harpagon. Et nous entrevoyons, derrière ce mot qui revient automatiquement, un mécanisme à répétition monté par l'idée fixe.

Quelquefois, il est vrai, ce mécanisme est plus malaisé à apercevoir. Et nous touchons ici à une nouvelle difficulté de la théorie du comique. Il y a des cas où tout l'intérêt d'une scène est dans un personnage unique qui se dédouble, son interlocuteur jouant le rôle d'un simple prisme, pour ainsi dire, au travers duquel s'effectue le dédoublement. Nous risquons alors de faire fausse route si nous cherchons le secret de l'effet produit dans ce que nous voyons et entendons, dans la scène extérieure qui se joue entre les personnages, et non pas dans la comédie intérieure que cette scène ne fait que réfracter. Par exemple, quand Alceste répond obstinément « Je ne dis pas cela ! » à Oronte qui lui demande s'il trouve ses vers mauvais, la répétition est comique, et pourtant il est clair qu'Oronte ne s'amuse pas ici avec Alceste au jeu que nous décrivions tout à l'heure. Mais qu'on y prenne garde ! il y a en réalité ici deux hommes dans Alceste, d'un côté le « misanthrope » qui s'est juré maintenant de dire aux gens leur fait, et d'autre part le gentilhomme qui ne peut désapprendre tout d'un coup les formes de la politesse, ou même peut-être simplement l'homme excellent, qui recule au moment décisif où il faudrait passer de la théorie à l'action, blesser un amour-propre, faire de la peine. La véritable scène n'est plus alors entre Alceste et Oronte, mais bien entre Alceste et Alceste lui-même. De ces deux Alceste, il y en a un qui voudrait éclater, et l'autre qui lui ferme la bouche au moment où il va tout dire. Chacun des « Je ne dis pas cela ! » représente un effort croissant pour refouler quelque chose qui pousse et presse pour sortir. Le ton de ces « Je ne dis pas cela ! » devient donc de plus en plus violent, Alceste se fâchant de plus en plus — non pas contre Oronte, comme il le croit, mais contre lui-même. Et c'est ainsi que la tension du ressort va toujours se renouvelant, toujours se renforçant, jusqu'à la détente finale. Le mécanisme de la répétition est donc bien encore le même.

Qu'un homme se décide à ne plus jamais dire que ce qu'il pense, dût-il « rompre en visière à tout le genre humain », cela n'est pas nécessairement comique ; c'est de la vie, et de la meilleure. Qu'un autre homme, par douceur de caractère, égoïsme ou dédain, aime mieux dire aux gens ce qui les flatte, ce n'est que de la vie encore ; il n'y a rien là pour nous faire rire. Réunissez même ces deux hommes en un seul, faites que votre personnage hésite entre une franchise qui blesse et une politesse qui trompe, cette lutte de deux sentiments contraires ne sera pas encore comique, elle paraîtra sérieuse, si les deux sentiments arrivent à s'organiser par leur contrariété même, à progresser ensemble, à créer un état d'âme composite, enfin à adopter un *modus vivendi* qui nous donne purement et simplement l'impression complexe de la vie. Mais supposez maintenant, dans un homme bien vivant, ces deux sentiments irréductibles et *raides* ; faites que l'homme oseille de l'un à l'autre ; faites surtout que cette oscillation devienne franchement mécanique en adoptant la forme connue d'un dispositif usuel, simple, enfantin : vous aurez cette fois l'image que nous avons trouvée jusqu'ici dans les objets risibles, vous aurez *du mécanique dans du vivant*, vous aurez du comique.

Nous nous sommes assez appesantis sur cette première image, celle du diable à ressort, pour faire comprendre comment la fantaisie comique convertit peu à peu un mécanisme matériel en un mécanisme moral. Nous allons examiner un ou deux autres jeux, mais en nous bornant maintenant à des indications sommaires.

II. — *Le pantin à ficelles.* — Innombrables sont les scènes de comédie où un personnage croit parler et agir librement, où ce personnage conserve par conséquent l'essentiel de la vie, alors qu'envisagé d'un certain côté il apparaît comme un simple jouet entre les mains d'un autre qui s'en amuse. Du pantin que l'enfant manœuvre avec une ficelle à Géronte et à Argante manipulés par Scapin, l'intervalle est facile à franchir. Écoutez plutôt Scapin lui-même : « La *machine* est toute trouvée », et encore : « C'est le ciel qui les amène dans mes *filets* », etc. Par un instinct naturel, et parce qu'on aime mieux, en imagination au moins, être dupeur que dupé, c'est du côté des fourbes que se met le spectateur. Il lie partie avec eux, et désormais, comme l'enfant qui a obtenu d'un camarade qu'il lui prête sa poupée, il fait lui-même aller et venir sur la scène le fantoche dont il a pris en main les ficelles. Toutefois cette dernière condition n'est pas indispensable. Nous pouvons aussi bien rester extérieurs à ce qui se passe, pourvu que nous conservions la sensation bien nette d'un agencement mécanique. C'est ce qui arrive dans les cas où un personnage oscille entre deux partis opposés à prendre, chacun de ces deux partis le tirant à lui tour à tour : tel, Panurge demandant à Pierre et à Paul s'il doit se marier. Remarquons que l'auteur comique a soin alors de *personnifier* les deux partis contraires. À défaut du spectateur, il faut au moins des acteurs pour tenir les ficelles.

Tout le sérieux de la vie lui vient de notre liberté. Les sentiments que nous avons mûris, les passions que nous avons couvées, les actions que nous avons délibérées, arrêtées, exécutées, enfin ce qui vient de nous et ce qui est bien nôtre, voilà ce qui donne à la vie son allure quelquefois dramatique et généralement grave. Que faudrait-il pour transformer tout cela en comédie ? Il faudrait se figurer que la liberté apparente recouvre un jeu de ficelles, et que nous sommes ici-bas, comme dit le poète,

> ... *d'humbles marionnettes*
> *dont le fil est aux mains de la Nécessité.*

Il n'y a donc pas de scène réelle, sérieuse, dramatique même, que la fantaisie ne puisse pousser au comique par l'évocation de cette simple image. Il n'y a pas de jeu auquel un Champ plus vaste soit ouvert.

III. — *La boule de neige.* — À mesure que nous avançons dans cette étude des procédés de comédie, nous comprenons mieux le rôle que jouent les réminiscences d'enfance. Cette réminiscence porte peut-être moins sur tel ou tel jeu spécial que sur le dispositif mécanique dont ce jeu est une application. Le même dispositif général peut d'ailleurs se retrouver dans des jeux très différents, comme le même air d'opéra dans beaucoup de fantaisies musicales. Ce qui importe ici, ce que l'esprit retient, ce qui passe, par gradations insensibles, des jeux de l'enfant à ceux de l'homme, c'est le schéma de la combinaison, ou, si vous voulez, la formule abstraite dont ces jeux sont des applications particulières. Voici, par exemple, la boule de neige qui roule, et qui grossit en roulant. Nous pourrions aussi bien penser à des soldats de plomb rangés à la file les uns des autres : si l'on pousse le premier, il tombe sur le second, lequel abat le troisième, et la situation va s'aggravant jusqu'à ce que tous soient par terre. Ou bien encore ce sera un château de cartes laborieusement monté : la première qu'on touche hésite à se déranger, sa voisine ébranlée se décide plus vite, et le travail de destruction, s'accélérant en route, court vertigineusement à la catastrophe finale. Tous ces objets sont très différents, mais ils nous suggèrent, pourrait-on dire, la même vision abstraite, celle d'un effet qui se propage en s'ajoutant à lui-même, de sorte que la cause, insignifiante à l'origine, aboutit par un progrès nécessaire à un résultat aussi important qu'inattendu. Ouvrons maintenant un livre d'images pour enfants : nous allons voir ce dispositif s'acheminer déjà vers la forme d'une scène comique. Voici par exemple (j'ai pris au hasard une « série d'Épinal ») un visiteur qui entre avec précipitation dans un salon : il pousse une dame, qui renverse sa tasse de thé sur un vieux monsieur, lequel glisse contre une vitre qui tombe dans la rue sur la tête d'un agent qui met la police sur pied, etc. Même dispositif dans bien des images pour grandes personnes. Dans les « histoires sans paroles » que crayonnent les dessinateurs comiques, il y a souvent un objet qui se déplace et des personnes qui en sont solidaires : alors, de scène en scène, le changement de position de l'objet amène mécaniquement des changements de situation de plus en plus graves entre les personnes. Passons maintenant à la comédie. Combien de scènes bouffonnes, combien de comédies même vont se ramener à ce type simple ! Qu'on relise le récit de Chicaneau dans les *Plaideurs* : ce sont des procès qui s'engrènent dans des procès, et le mécanisme fonctionne de plus en plus vite (Racine nous donne ce sentiment d'une accélération croissante en pressant de plus en plus les termes de procédure les uns contre les autres) jusqu'à ce que la poursuite engagée pour une botte de foin coûte au plaideur le plus clair de sa fortune. Même arrangement encore dans certaines scènes de Don Quichotte, par exemple dans celle de l'hôtellerie, où un singulier enchaînement de circonstances amène le muletier à frapper Sancho, qui frappe sur Maritorne, sur laquelle tombe l'aubergiste, etc. Arrivons enfin au vaudeville contemporain. Est-il besoin de rappeler toutes les formes sous lesquelles cette même combinaison se présente ? Il y en a une dont on use assez souvent : c'est de faire qu'un certain objet matériel (une lettre, par exemple) soit d'une importance capitale pour certains personnages et qu'il faille le retrouver à tout prix. Cet objet, qui échappe toujours quand on croit le tenir, roule alors à travers la pièce en ramassant sur sa route des incidents de plus en plus graves, de plus en plus inattendus. Tout cela ressemble bien plus qu'on ne croirait d'abord à un jeu d'enfant. C'est toujours l'effet de la boule de neige.

Le propre d'une combinaison mécanique est d'être généralement *réversible*. L'enfant s'amuse à voir une bille lancée contre des quilles renverser tout sur son passage en multipliant les dégâts ; il rit plus encore lorsque la bille, après des tours, détours, hésitations de tout genre, revient à son point de départ. En d'autres termes, le mécanisme que nous décrivions tout à l'heure est déjà comique quand il est rectiligne ; il l'est davantage quand il devient circulaire, et que les efforts du personnage aboutissent, par un engrenage fatal de causes et d'effets, à le ramener purement et simplement à la même place. Or, on verrait que bon nombre de vaudevilles gravitent autour de cette idée. Un chapeau de paille d'Italie a été mangé par un cheval. Un seul chapeau semblable existe dans Paris, il faut à tout prix qu'on le trouve. Ce chapeau, qui recule toujours au moment où on va le saisir, fait courir le personnage principal, lequel fait courir les autres qui s'accrochent à lui : tel, l'aimant entraîne à sa suite, par une attraction qui se transmet de proche en proche, les brins de limaille de fer suspendus les uns aux autres. Et lorsque, enfin, d'incident en incident, on croit toucher au but, le chapeau tant désiré se trouve être celui-là même qui a été mangé. Même odyssée dans une autre comédie non moins célèbre de Labiche. On nous montre d'abord, faisant leur quotidienne partie de cartes ensemble, un vieux garçon et une vieille fille qui sont de vieilles connaissances. Ils se sont adressés tous deux, chacun de son côté, à une même agence matrimoniale. À travers mille difficultés, et de mésaventure en mésaventure, ils courent côte à côte, le long de la pièce, à l'entrevue qui les remet purement et simplement en présence l'un de l'autre. Même effet circulaire, même retour au point de départ dans une pièce plus récente. Un mari persécuté croit échapper à sa femme et à sa belle-mère par le divorce. Il se remarie ; et voici que le jeu combiné du divorce et du mariage lui ramène son ancienne femme, aggravée, sous forme de nouvelle belle-mère. Quand on songe à l'intensité et à la fréquence de ce genre de comique, on comprend qu'il ait frappé l'imagination de certains philosophes. Faire beaucoup de chemin pour revenir, sans le savoir, au point de départ, c'est fournir un grand effort pour un résultat nul. On pouvait être tenté de définir le comique de cette dernière manière. Telle paraît être l'idée de Herbert Spencer : le rire serait l'indice d'un effort qui rencontre tout à coup le vide. Kant disait déjà : « Le rire vient d'une attente qui se résout subitement en rien. » Nous reconnaissons que ces définitions s'appliqueraient à nos derniers exemples ; encore faudrait-il apporter certaines restrictions à la formule, car il y a bien des efforts inutiles qui ne font pas rire. Mais si nos derniers exemples présentent une grande cause aboutissant à un petit effet, nous en avons cité d'autres, tout de suite auparavant, qui devraient se définir de la manière inverse : un grand effet sortant d'une petite cause. La vérité est que cette seconde définition ne vaudrait guère mieux que la première. La disproportion entre la cause et l'effet, qu'elle se présente dans un sens ou dans l'autre, n'est pas la source directe du rire. Nous rions de quelque chose que cette disproportion peut, dans certains cas, manifester, je veux dire de l'arrangement mécanique spécial qu'elle nous laisse apercevoir par transparence derrière la série des effets et des causes. Négligez cet arrangement, vous abandonnez le seul fil conducteur qui puisse vous guider dans le labyrinthe du comique, et la règle que vous aurez suivie, applicable peut-être à quelques cas convenablement choisis, reste exposée à la mauvaise rencontre du premier exemple venu qui l'anéantira.

Mais pourquoi rions-nous de cet arrangement mécanique ? Que l'histoire d'un individu ou celle d'un groupe nous apparaisse, à un moment donné, comme un jeu d'engrenages, de ressorts ou de ficelles, cela est étrange, sans doute, mais d'où vient le caractère spécial de cette étrangeté ? pourquoi est-elle comique ? À cette question, qui s'est déjà posée à nous sous bien des formes, nous ferons toujours la même réponse. Le mécanisme raide que nous surprenons de temps à autre, comme un intrus, dans la vivante continuité des choses humaines, a pour nous un intérêt tout particulier, parce qu'il est comme une *distraction* de la vie. Si les événements pouvaient être sans cesse attentifs à leur propre cours, il n'y aurait pas de coïncidences, pas de rencontres, pas de séries circulaires ; tout se déroulerait en avant et progresserait toujours. Et si les hommes étaient toujours attentifs à la vie, si nous reprenions constamment contact avec autrui et aussi avec nous-mêmes, jamais rien ne paraîtrait se produire en nous par ressorts ou ficelles. Le comique est ce côté de la personne par lequel elle ressemble à une chose, cet aspect des événements humains qui imite, par sa raideur d'un genre tout particulier, le mécanisme pur et simple, l'automatisme, enfin le mouvement sans la vie. Il exprime donc une imperfection individuelle ou collective qui appelle la correction immédiate. Le rire est cette correction même. Le rire est un certain geste social, qui souligne et réprime une certaine distraction spéciale des hommes et des événements.

Mais ceci même nous invite à chercher plus loin et plus haut. Nous nous sommes amusés jusqu'ici à retrouver dans les jeux de l'homme certaines combinaisons mécaniques qui divertissent l'enfant. C'était là une manière empirique de procéder. Le moment est venu de tenter une déduction méthodique et complète, d'aller puiser à leur source même, dans leur principe permanent et simple, les procédés multiples et variables du théâtre comique. Ce théâtre, disions-nous, combine les événements de manière à insinuer un mécanisme dans les formes extérieures de la vie. Déterminons donc les caractères essentiels par lesquels la vie, envisagée du dehors, paraît trancher sur un simple mécanisme. Il nous suffira alors de passer aux caractères opposés pour obtenir la formule abstraite, cette fois générale et complète, des procédés de comédie réels et possibles.

La vie se présente à nous comme une certaine évolution dans le temps, et comme une certaine complication dans l'espace. Considérée dans le temps, elle est le progrès continu d'un être qui vieillit sans cesse : c'est dire qu'elle ne revient jamais en arrière, et ne se répète jamais. Envisagée dans l'espace, elle étale à nos yeux des éléments coexistants si intimement solidaires entre eux, si exclusivement faits les uns pour les autres, qu'aucun d'eux ne pourrait appartenir en même temps à deux organismes différents : chaque être vivant est un système clos de phénomènes, incapable d'interférer avec d'autres systèmes. Changement continu d'aspect, irréversibilité des phénomènes, individualité parfaite d'une série enfermée en elle-même, voilà les caractères extérieurs (réels ou apparents, peu importe) qui distinguent le vivant du simple mécanique. Prenons-en le contre-pied : nous aurons trois procédés que nous appellerons, si vous voulez, la *répétition*, l'*inversion* et l'*interférence des séries*. Il est aisé de voir que ces procédés sont ceux du vaudeville, et qu'il ne saurait y en avoir d'autres.

On les trouverait d'abord, mélangés à doses variables, dans les scènes que nous venons de passer en revue, et à plus forte raison dans les jeux d'enfant dont elles reproduisent le mécanisme. Nous ne nous attarderons pas à faire cette analyse. Il sera plus utile d'étudier ces procédés à l'état pur sur des exemples nouveaux. Rien ne sera plus facile d'ailleurs, car c'est souvent à l'état pur qu'on les rencontre dans la comédie classique, aussi bien que dans le théâtre contemporain.

I. — *La répétition.* — Il ne s'agit plus, comme tout à l'heure, d'un mot ou d'une phrase qu'un personnage répète, mais d'une situation, c'est-à-dire d'une combinaison de circonstances, qui revient telle quelle à plusieurs reprises, tranchant ainsi sur le cours changeant de la vie. L'expérience nous présente déjà ce genre de comique, mais à l'état rudimentaire seulement. Ainsi, je rencontre un jour dans la rue un ami que je n'ai pas vu depuis longtemps ; la situation n'a rien de comique. Mais, si, le même jour, je le rencontre de nouveau, et encore une troisième et une quatrième fois, nous finissons par rire ensemble de la « coïncidence ». Figurez-vous alors une série d'événements imaginaires qui vous donne suffisamment l'illusion de la vie, et supposez, au milieu de cette série qui progresse, une même scène qui se reproduise, soit entre les mêmes personnages, soit entre des personnages différents : vous aurez une coïncidence encore, mais plus extraordinaire. Telles sont les répétitions qu'on nous présente au théâtre. Elles sont d'autant plus comiques que la scène répétée est plus complexe et aussi qu'elle est amenée plus naturellement, — deux conditions qui paraissent s'exclure, et que l'habileté de l'auteur dramatique devra réconcilier.

Le vaudeville contemporain use de ce procédé sous toutes ses formes. Une des plus connues consiste à promener un certain groupe de personnages, d'acte en acte, dans les milieux les plus divers, de manière à faire renaître dans des circonstances toujours nouvelles une même série d'événements ou de mésaventures qui se correspondent symétriquement.

Plusieurs pièces de Molière nous offrent une même composition d'événements qui se répète d'un bout de la comédie à l'autre. Ainsi *L'École des Femmes* ne fait que ramener et reproduire un certain effet à trois temps : 1$^{er}$ temps, Horace raconte à Arnolphe ce qu'il a imaginé pour tromper le tuteur d'Agnès, qui se trouve être Arnolphe lui-même ; 2$^e$ temps, Arnolphe croit avoir paré le coup ; 3$^e$ temps, Agnès fait tourner les précautions d'Arnolphe au profit d'Horace. Même périodicité régulière dans *L'École des Maris*, dans *L'Étourdi*, et surtout dans *George Dandin*, où le même effet à trois temps se retrouve : 1$^{er}$ temps, George Dandin s'aperçoit que sa femme le trompe ; 2$^e$ temps, il appelle ses beaux-parents à son secours ; 3$^e$ temps, c'est lui, George Dandin, qui fait des excuses.

Parfois, c'est entre des groupes de personnages différents que se reproduira la même scène. Il n'est pas rare alors que le premier groupe comprenne les maîtres, et le second les domestiques. Les domestiques viendront répéter dans un autre ton, transposée en style moins noble, une scène déjà jouée par les maîtres. Une partie du *Dépit amoureux* est construite sur ce plan, ainsi qu'*Amphitryon*. Dans une amusante petite comédie de Benedix, *Der Eigensinn*, l'ordre est inverse ; ce sont les maîtres qui reproduisent une scène d'obstination dont les domestiques leur ont donné l'exemple.

Mais, quels que soient les personnages entre lesquels des situations symétriques sont ménagées, une différence profonde paraît subsister entre la comédie classique et le théâtre contemporain. Introduire dans les événements un certain ordre mathématique en leur conservant néanmoins l'aspect de la vraisemblance, c'est-à-dire de la vie, voilà toujours ici le but. Mais les moyens employés diffèrent. Dans la plupart des vaudevilles, on travaille directement l'esprit du spectateur. Si extraordinaire en effet que soit la coïncidence elle deviendra acceptable par cela seul qu'elle sera acceptée, et nous l'accepterons si l'on nous a préparés peu à peu à la recevoir. Ainsi procèdent souvent les auteurs contemporains. Au contraire, dans le théâtre de Molière, ce sont les dispositions des personnages, et non pas celles du public, qui font que la répétition paraît naturelle. Chacun de ces personnages représente une certaine force appliquée dans une certaine direction, et c'est parce que ces forces, de direction constante, se composent nécessairement entre elles de la même manière, que la même situation se reproduit. La comédie de situation, ainsi entendue, confine donc à la comédie de caractère. Elle mérite d'être appelée classique, s'il est vrai que l'art classique soit celui qui ne prétend pas tirer de l'effet plus qu'il n'a mis dans la cause.

II. — *L'inversion.* — Ce second procédé a tant d'analogie avec le premier que nous nous contenterons de le définir sans insister sur les applications. Imaginez certains personnages dans une certaine situation : vous obtiendrez une scène comique en faisant que la situation se retourne et que les rôles soient intervertis. De ce genre est la double scène de sauvetage dans *Le*

*Voyage de Monsieur Perrichon*. Mais il n'est même pas nécessaire que les deux scènes symétriques soient jouées sous nos yeux. On peut ne nous en montrer qu'une, pourvu qu'on soit sûr que nous pensons à l'autre. C'est ainsi que nous rions du prévenu qui fait de la morale au juge, de l'enfant qui prétend donner des leçons à ses parents, enfin de ce qui vient se classer sous la rubrique du « monde renversé ».

Souvent on nous présentera un personnage qui prépare les filets où il viendra lui-même se faire prendre. L'histoire du persécuteur victime de sa persécution, du dupeur dupé, fait le fond de bien des comédies. Nous la trouvons déjà dans l'ancienne farce. L'avocat Pathelin indique à son client un stratagème pour tromper le juge : le client usera du stratagème pour ne pas payer l'avocat. Une femme acariâtre exige de son mari qu'il fasse tous les travaux du ménage ; elle en a consigné le détail sur un « rôlet ». Qu'elle tombe maintenant au fond d'une cuve, son mari refusera de l'en tirer : « cela n'est pas sur son rôlet ». La littérature moderne a exécuté bien d'autres variations sur le thème du voleur volé. Il s'agit toujours, au fond, d'une interversion de rôles, et d'une situation qui se retourne contre celui qui la crée.

Ici se vérifierait une loi dont nous avons déjà signalé plus d'une application. Quand une scène comique a été souvent reproduite, elle passe à l'état de « catégorie » ou de modèle. Elle devient amusante par elle-même, indépendamment des causes qui font qu'elle nous a amusés. Alors des scènes nouvelles, qui ne sont pas comiques en droit, pourront nous amuser en fait si elles ressemblent à celle-là par quelque côté. Elles évoqueront plus ou moins confusément dans notre esprit une image que nous savons drôle. Elles viendront se classer dans un genre où figure un type de comique officiellement reconnu. La scène du « voleur volé » est de cette espèce. Elle irradie sur une foule d'autres scènes le comique qu'elle renferme. Elle finit par rendre comique toute mésaventure qu'on s'est attirée par sa faute, quelle que soit la faute, quelle que soit la mésaventure, — que dis-je ? une allusion à cette mésaventure, un mot qui la rappelle. « Tu l'as voulu, George Dandin », ce mot n'aurait rien d'amusant sans les résonances comiques qui le prolongent.

III. — Mais nous avons assez parlé de la répétition et de l'inversion. Nous arrivons à l'*interférence des séries*. C'est un effet comique dont il est difficile de dégager la formule, à cause de l'extraordinaire variété des formes sous lesquelles il se présente au théâtre. Voici peut-être comme il faudrait le définir : *Une situation est toujours comique quand elle appartient en même temps à deux séries d'événements absolument indépendantes, et qu'elle peut s'interpréter à la fois dans deux sens tout différents.*

On pensera aussitôt au *quiproquo*. Et le *quiproquo* est bien en effet une situation qui présente en même temps deux sens différents, l'un simplement possible, celui que les acteurs lui prêtent, l'autre réel, celui que le public lui donne. Nous apercevons le sens réel de la situation, parce qu'on a eu soin de nous en montrer toutes les faces ; mais les acteurs ne connaissent chacun que l'une d'elles : de là leur méprise, de là le jugement faux qu'ils portent sur ce qu'on fait autour d'eux comme aussi sur ce qu'ils font eux-mêmes. Nous allons de ce jugement faux au jugement vrai ; nous oscillons entre le sens possible et le sens réel ; et c'est ce balancement de notre esprit entre deux interprétations opposées qui apparaît d'abord dans l'amusement que le *quiproquo* nous donne. On comprend que certains philosophes aient été surtout frappés de ce balancement, et que quelques-uns aient vu l'essence même du comique dans un choc, ou dans une superposition, de deux jugements qui se contredisent. Mais leur définition est loin de convenir à tous les cas ; et, là même où elle convient, elle ne définit pas le principe du comique, mais seulement une de ses conséquences plus ou moins lointaines. Il est aisé de voir, en effet, que le *quiproquo* théâtral n'est que le cas particulier d'un phénomène plus général, l'interférence des séries indépendantes, et que d'ailleurs le *qui-*

*proquo* n'est pas risible par lui-même, mais seulement comme *signe* d'une interférence de séries.

Dans le *quiproquo*, en effet, chacun des personnages est inséré dans une série d'événements qui le concernent, dont il a la représentation exacte, et sur lesquels il règle ses paroles et ses actes. Chacune des séries intéressant chacun des personnages se développe d'une manière indépendante ; mais elles se sont rencontrées à un certain moment dans des conditions telles que les actes et les paroles qui font partie de l'une d'elles pussent aussi bien convenir à l'autre. De là la méprise des personnages, de là l'équivoque ; mais cette équivoque n'est pas comique par elle-même ; elle ne l'est que parce qu'elle manifeste la coïncidence des deux séries indépendantes. La preuve en est que l'auteur doit constamment s'ingénier à ramener notre attention sur ce double fait, l'indépendance et la coïncidence. Il y arrive d'ordinaire en renouvelant sans cesse la fausse menace d'une dissociation entre les deux séries qui coïncident. À chaque instant tout va craquer, et tout se raccommode : c'est ce jeu qui fait rire, bien plus que le va-et-vient de notre esprit entre deux affirmations contradictoires. Et il nous fait rire parce qu'il rend manifeste à nos yeux l'interférence de deux séries indépendantes, source véritable de l'effet comique.

Aussi le *quiproquo* ne peut-il être qu'un cas particulier. C'est un des moyens (le plus artificiel peut-être) de rendre sensible l'interférence des séries ; mais ce n'est pas le seul. Au lieu de deux séries contemporaines, on pourrait aussi bien prendre une série d'événements anciens et une autre actuelle : si les deux séries arrivent à interférer dans notre imagination, il n'y aura plus *quiproquo*, et pourtant le même effet comique continuera à se produire. Pensez à la captivité de Bonivard dans le château de Chillon : voilà une première série de faits. Représentez-vous ensuite Tartarin voyageant en Suisse, arrêté, emprisonné : seconde série, indépendante de la première. Faites maintenant que Tartarin soit rivé à la propre chaîne de Bonivard et que les deux histoires paraissent un instant coïncider, vous aurez une scène très amusante, une des plus amusantes que la fantaisie de Daudet ait tracées. Beaucoup d'incidents du genre héroï-comique se décomposeraient ainsi. La transposition, généralement comique, de l'ancien en moderne s'inspire de la même idée.

Labiche a usé du procédé sous toutes ses formes. Tantôt il commence par constituer les séries indépendantes et s'amuse ensuite à les faire interférer entre elles : il prendra un groupe fermé, une noce par exemple, et le fera tomber dans des milieux tout à fait étrangers où certaines coïncidences, lui permettront de s'intercaler momentanément. Tantôt il conservera à travers la pièce un seul et même système de personnages, mais il fera que quelques-uns de ces personnages aient quelque chose à dissimuler, soient obligés de s'entendre entre eux, jouent enfin une petite comédie au milieu de la grande : à chaque instant l'une des deux comédies va déranger l'autre, puis les choses s'arrangent et la coïncidence des deux séries se rétablit. Tantôt enfin c'est une série d'événements tout idéale qu'il intercalera dans la série réelle, par exemple un passé qu'on voudrait cacher, et qui fait sans cesse irruption dans le présent, et qu'on arrive chaque fois à réconcilier avec les situations qu'il semblait devoir bouleverser. Mais toujours nous retrouvons les deux séries indépendantes, et toujours la coïncidence partielle.

Nous ne pousserons pas plus loin cette analyse des procédés de vaudeville. Qu'il y ait interférence de séries, inversion ou répétition, nous voyons que l'objet est toujours le même : obtenir ce que nous avons appelé une *mécanisation* de la vie. On prendra un système d'actions et de relations, et on le répétera tel quel, ou on le retournera sens dessus dessous, ou on le transportera en bloc dans un autre système avec lequel il coïncide en partie, — toutes opérations qui consistent à traiter la vie comme un mécanisme à répétition, avec effets réversibles et pièces interchangeables. La vie réelle est un vaudeville dans l'exacte mesure où elle produit naturellement des effets du même genre, et par conséquent dans l'exacte mesure où elle s'oublie elle-même, car si elle faisait sans cesse attention, elle serait continuité variée, progrès irréversible, unité indivisée. Et c'est pourquoi le comique des événements peut se définir une distraction des choses, de même que le comique d'un caractère individuel tient toujours, comme nous le faisions pressentir et comme nous le montrerons en détail plus loin, à une certaine distraction fondamentale de la personne. Mais cette distraction des événements est exceptionnelle. Les effets en sont légers. Et elle est en tout cas incorrigible, de sorte qu'il ne sert à rien d'en rire. C'est pourquoi l'idée ne serait pas venue de l'exagérer, de l'ériger en système, de créer un art pour elle, si le rire n'était un plaisir et si l'humanité ne saisissait au vol la moindre occasion de le faire naître. Ainsi s'explique le vaudeville qui est à la vie réelle ce que le pantin articulé est à l'homme qui marche, une exagération très artificielle d'une certaine raideur naturelle des choses. Le fil qui le relie à la vie réelle est bien fragile. Ce n'est guère qu'un jeu, subordonné, comme tous les jeux, à une convention d'abord acceptée. La comédie de caractère pousse dans la vie des racines autrement profondes. C'est d'elle surtout que nous nous occuperons dans la dernière partie de notre étude. Mais nous devons d'abord analyser un certain genre de comique qui ressemble par bien des côtés à celui du vaudeville, le comique de mots.

# II

Il y a peut-être quelque chose d'artificiel à faire une catégorie spéciale pour le comique de mots, car la plupart des effets comiques que nous avons étudiés jusqu'ici se produisaient déjà par l'intermédiaire du langage. Mais il faut distinguer entre le comique que le langage exprime et celui que le langage crée. Le premier pourrait, à la rigueur, se traduire d'une langue dans une autre, quitte à perdre la plus grande partie de son relief en passant dans une société nouvelle, autre par ses mœurs, par sa littérature, et surtout par ses associations d'idées. Mais le second est généralement intraduisible. Il doit ce qu'il est à la structure de la phrase ou au choix des mots. Il ne constate pas, à l'aide du langage, certaines distractions particulières des hommes ou des événements. Il souligne les distractions du langage lui-même. C'est le langage lui-même, ici, qui devient comique.

Il est vrai que les phrases ne se font pas toutes seules, et que si nous rions d'elles, nous pourrons rire de leur auteur par la même occasion. Mais cette dernière condition ne sera pas indispensable. La phrase, le mot auront ici une force comique indépendante. Et la preuve en est que nous serons embarrassés, dans la plupart des cas, pour dire de qui nous rions, bien que nous sentions confusément parfois qu'il y a quelqu'un en cause.

La personne en cause, d'ailleurs, n'est pas toujours celle qui parle. Il y aurait ici une importante distinction à faire entre le *spirituel* et le *comique*. Peut-être trouverait-on qu'un mot est dit comique quand il nous fait rire de celui qui le prononce, et spirituel quand il nous fait rire d'un tiers ou rire de nous. Mais, le plus souvent, nous ne saurions décider si le mot est comique ou spirituel. Il est risible simplement.

Peut-être aussi faudrait-il, avant d'aller plus loin, examiner de plus près ce qu'on entend par esprit. Car un mot d'esprit nous fait tout au moins sourire, de sorte qu'une étude du rire ne serait pas complète si elle négligeait d'approfondir la nature de l'esprit, d'en éclaircir l'idée. Mais je crains que cette essence très subtile ne soit de celles qui se décomposent à la lumière.

Distinguons d'abord deux sens du mot esprit, l'un plus large, l'autre plus étroit. Au sens le plus large du mot, il semble qu'on appelle esprit une certaine manière *dramatique* de penser. Au lieu de manier ses idées comme des symboles indifférents, l'homme d'esprit les voit, les entend, et surtout les fait dialoguer entre elles comme des personnes. Il les met en scène, et lui-même, un peu, se met en scène aussi. Un peuple spirituel est aussi un peuple épris du théâtre. Dans l'homme d'esprit il y a quelque chose du poète, de même que dans le bon liseur il y a le commencement d'un comédien. Je fais ce rapprochement à dessein, parce qu'on établirait sans peine une proportion entre les quatre termes. Pour bien lire, il suffit de posséder la partie intellectuelle de l'art du comédien ; mais pour bien jouer, il faut être comédien de toute son âme et dans toute sa personne. Ainsi la création poétique exige un certain oubli de soi, qui n'est pas par où pèche d'ordinaire l'homme d'esprit. Celui-ci transparaît plus ou moins derrière ce qu'il dit et ce qu'il fait. Il ne s'y absorbe pas, parce qu'il n'y met que son intelligence.

Tout poète pourra donc se révéler homme d'esprit quand il lui plaira. Il n'aura rien besoin d'acquérir pour cela ; il aurait plutôt à perdre quelque chose. Il lui suffirait de laisser ses idées converser entre elles « pour rien, pour le plaisir ». Il n'aurait qu'à desserrer le double lien qui maintient ses idées en contact avec ses sentiments et son âme en contact avec la vie. Enfin il tournerait à l'homme d'esprit s'il ne voulait plus être poète par le cœur aussi, mais seulement par l'intelligence.

Mais si l'esprit consiste en général à voir les choses *sub specie theatri*, on conçoit qu'il puisse être plus particulièrement tourné vers une certaine variété de l'art dramatique, la comédie. De là un sens plus étroit du mot, le seul qui nous intéresse d'ailleurs au point de vue de la théorie du rire. On appellera cette fois *esprit* une certaine disposition à esquisser en passant des scènes de comédie, mais à les esquisser si discrètement, si légèrement, si rapidement, que tout est déjà fini quand nous commençons à nous en apercevoir.

Quels sont les acteurs de ces scènes ? À qui l'homme d'esprit a-t-il affaire ? D'abord à ses interlocuteurs eux-mêmes, quand le mot est une réplique directe à l'un d'eux. Souvent à une personne absente, dont il suppose qu'elle a parlé et qu'il lui répond. Plus souvent encore à tout le monde, je veux dire au sens commun, qu'il prend à partie en tournant au paradoxe une idée courante, ou en utilisant un tour de phrase accepté, en parodiant une citation ou un proverbe. Comparez ces petites scènes entre elles, vous verrez que ce sont généralement des variations sur un thème de comédie que nous connaissons bien, celui du « voleur volé ». On saisit une métaphore, une phrase, un raisonnement, et on les retourne contre celui qui les fait ou qui pourrait les faire, de manière qu'il ait dit ce qu'il ne voulait pas dire et qu'il vienne lui-même, en quelque sorte, se faire prendre au piège du langage. Mais le thème du « voleur volé » n'est pas le seul possible. Nous avons passé en revue bien des espèces de comique ; il n'en est pas une seule qui ne puisse s'aiguiser en trait d'esprit.

Le mot d'esprit se prêtera donc à une analyse dont nous pouvons donner maintenant, pour ainsi dire, la formule pharmaceutique. Voici cette formule. Prenez le mot, épaississez-le d'abord en scène jouée, cherchez ensuite la catégorie comique à laquelle cette scène appartiendrait : vous réduirez ainsi le mot d'esprit à ses plus simples éléments et vous aurez l'explication complète.

Appliquons cette méthode à un exemple classique. « J'ai mal à votre poitrine », écrivait Mme de Sévigné à sa fille malade. Voilà un mot d'esprit. Si notre théorie est exacte, il nous suffira d'appuyer sur le mot, de le grossir et de l'épaissir, pour le voir s'étaler en scène comique. Or nous trouvons précisément cette petite scène, toute faite, dans *L'Amour médecin* de Molière. Le faux médecin Clitandre, appelé pour donner ses soins à la fille de Sganarelle, se contente de tâter le pouls à Sganarelle lui-même, après quoi il conclut sans hésitation, en se fondant sur la sympathie qui doit exister entre le père et la fille : « Votre fille est bien malade ! » Voilà donc le passage effectué du spirituel au comique. Il ne nous reste plus alors, pour compléter notre analyse, qu'à chercher ce qu'il y a de comique dans l'idée de porter un diagnostic sur l'enfant après auscultation du père ou de la mère. Mais nous savons qu'une des formes essentielles de la fantaisie comique consiste à nous représenter l'homme vivant comme une espèce de pantin articulé, et que souvent, pour nous déterminer à former cette image, on nous montre deux ou plusieurs personnes qui parlent et agissent comme si elles étaient reliées les unes aux autres par d'invisibles ficelles. N'est-ce pas cette idée qu'on nous suggère ici en nous amenant à matérialiser, pour ainsi dire, la sympathie que nous établissons entre la fille et son père ?

On comprendra alors pourquoi les auteurs qui ont traité de l'esprit ont dû se borner à noter l'extraordinaire complexité des choses que ce terme désigne, sans réussir d'ordinaire à le définir. Il y a bien des façons d'être spirituel, presque autant qu'il y en a de ne l'être pas. Comment apercevoir ce qu'elles ont de commun entre elles, si l'on ne commence par déterminer la relation générale du spirituel au comique ? Mais, une fois cette relation dégagée, tout s'éclaircit. Entre le comique et le spirituel on découvre alors le même rapport qu'entre une scène faite et la fugitive indication d'une scène à faire. Autant le comique peut prendre de formes, autant l'esprit aura de variétés correspondantes. C'est donc le comique, sous ses diverses formes, qu'il faut définir d'abord, en retrouvant (ce qui est déjà assez difficile) le fil qui conduit d'une forme à l'autre. Par là même on aura analysé l'esprit, qui apparaîtra alors comme n'étant que du comique volatilisé. Mais suivre la méthode inverse, chercher directement la formule de l'esprit, c'est aller à un échec certain. Que dirait-on du chimiste qui aurait les corps à discrétion dans son laboratoire, et qui prétendrait ne les étudier qu'à l'état de simples traces dans l'atmosphère ?

Mais cette comparaison du spirituel et du comique nous indique en même temps la marche à suivre pour l'étude du comique de mots. D'un côté, en effet, nous voyons qu'il n'y a pas de différence essentielle entre un mot comique et un mot d'esprit, et d'autre part le mot d'esprit, quoique lié à une figure de langage, évoque l'image confuse ou nette d'une scène comique. Cela revient à dire que le comique du langage doit correspondre, point par point, au comique des actions et des situations et qu'il n'en est, si l'on peut s'exprimer ainsi, que la projection sur le plan des mots. Revenons donc au comique des actions et des situations. Considérons les principaux procédés par lesquels on l'obtient. Appliquons ces procédés au choix des mots et à la construction des phrases. Nous aurons ainsi les formes diverses du comique de mots et les variétés possibles de l'esprit.

I. — Se laisser aller, par un effet de raideur ou de vitesse acquise, à dire ce qu'on ne voulait pas dire ou à faire ce qu'on ne voulait pas faire, voilà, nous le savons, une des grandes sources du comique. C'est pourquoi la distraction est essentiellement risible. C'est pourquoi aussi l'on rit de ce qu'il peut y avoir de raide, de tout fait, de mécanique enfin dans le geste, les attitudes et même les traits de la physionomie. Ce genre de raideur s'observe-t-il aussi dans le langage ? Oui, sans doute, puisqu'il y a des formules toutes faites et des phrases stéréotypées. Un personnage qui s'exprimerait toujours dans ce style serait invariablement comique. Mais pour qu'une phrase isolée soit comique par elle-même, une fois détachée de celui qui la prononce, il ne suffit pas que ce soit une phrase toute faite, il faut encore qu'elle porte en elle un signe auquel nous reconnaissions, sans hésitation possible, qu'elle a été prononcée automatiquement. Et ceci ne peut guère arriver que lorsque la phrase renferme une absurdité manifeste, soit une erreur grossière, soit surtout une contradiction dans les termes. De là cette règle générale : *On obtiendra un mot comique en insérant une idée absurde dans un moule de phrase consacré.*

« Ce sabre est le plus beau jour de ma vie », dit M. Prudhomme. Traduisez la phrase en anglais ou en allemand, elle deviendra simplement absurde, de comique qu'elle était en français. C'est que « le plus beau jour de ma vie » est une de ces fins de phrase toutes faites auxquelles notre oreille est habituée. Il suffit alors, pour la rendre comique, de mettre en pleine lumière l'automatisme de celui qui la prononce. C'est à quoi l'on arrive en y insérant une absurdité. L'absurdité n'est pas ici la source du comique. Elle n'est qu'un moyen très simple et très efficace de nous le révéler.

Nous n'avons cité qu'un mot de M. Prudhomme. Mais la plupart des mots qu'on lui attribue sont faits sur le même modèle. M. Prudhomme est l'homme des phrases toutes faites. Et comme il y a des phrases toutes faites dans toutes les langues, M. Prudhomme est généralement transposable, quoiqu'il soit rarement traduisible.

Quelquefois la phrase banale, sous le couvert de laquelle l'absurdité passe, est un peu plus difficile à apercevoir. « Je n'aime pas à travailler entre mes repas », a dit un paresseux. Le mot ne serait pas amusant, s'il n'y avait ce salutaire précepte d'hygiène : « Il ne faut pas manger entre ses repas. »

Quelquefois aussi l'effet se complique. Au lieu d'un seul moule de phrase banal, il y en a deux ou trois qui m'emboîtent l'un dans l'autre. Soit, par exemple, ce mot d'un personnage de Labiche : « Il n'y a que Dieu qui ait le droit de tuer son semblable. » On semble bien profiter ici de deux propositions qui nous sont familières : « C'est Dieu qui dispose de la vie des hommes », et : « C'est un crime, pour l'homme, que de tuer son semblable. » Mais les deux propositions sont combinées de manière à tromper notre oreille et à nous donner l'impression d'une de ces phrases qu'on répète et qu'on accepte machinalement. De là une somnolence de notre attention, que tout à coup l'absurdité réveille.

Ces exemples suffiront à faire comprendre comment une des formes les plus importantes du comique se projette et se simplifie sur le plan du langage. Passons à une forme moins générale.

II. — « Nous rions toutes les fois que notre attention est détournée sur le physique d'une personne, alors que le moral était en cause » : voilà une loi que nous avons posée dans la première partie de notre travail. Appliquons-la au langage. On pourrait dire que la plupart des mots présentent un sens *physique* et un sens *moral*, selon qu'on les prend au propre ou au figuré. Tout mot commence en effet par désigner un objet concret ou une action matérielle ; mais peu à peu le sens du mot a pu se spiritualiser en relation abstraite ou en idée pure. Si donc notre loi se conserve ici, elle devra prendre la forme suivante : *On obtient un effet comique quand on affecte d'entendre une expression au propre, alors qu'elle était employée au figuré.* Ou encore : *Dès que notre attention se concentre sur la matérialité d'une métaphore, l'idée exprimée devient comique.*

« Tous les arts sont frères » : dans cette phrase le mot « frère » est pris métaphoriquement pour désigner une ressemblance plus ou moins profonde. Et le mot est si souvent employé ainsi que nous ne pensons plus, en l'entendant, à la relation concrète et matérielle qu'une parenté implique. Nous y penserions déjà davantage si l'on nous disait : « Tous les arts sont cousins », parce que le mot « cousin » est moins souvent pris au figuré ; aussi ce mot se teindrait-il ici d'une nuance comique légère. Allez maintenant jusqu'au bout, supposez qu'on attire violemment notre attention sur la matérialité de l'image en choisissant une relation de parenté incompatible avec le genre des termes que cette parenté doit unir : vous aurez un effet risible. C'est le mot bien connu, attribué encore à M. Prudhomme : « Tous les arts sont sœurs. »

« Il court après l'esprit », disait-on devant Boufflers d'un prétentieux personnage. Si Boufflers avait répondu : « Il ne l'attrapera pas », c'eût été le commencement d'un mot d'esprit ; mais ce n'en eût été que le commencement, parce que le terme « attraper » est pris au figuré presque aussi souvent que le terme « courir », et qu'il ne nous contraint pas assez violemment à matérialiser l'image de deux coureurs lancés l'un derrière l'autre. Voulez-vous que la réplique me paraisse tout à fait spirituelle ? Il faudra que vous empruntiez au vocabulaire du sport un terme si concret, si vivant, que je puisse m'empêcher d'assister pour tout de bon à la course. C'est ce que fait Boufflers : « Je parie pour l'esprit. »

Nous disions que l'esprit consiste souvent à prolonger l'idée d'un interlocuteur jusqu'au point où il exprimerait le contraire de sa pensée et où il viendrait se faire prendre lui-même, pour ainsi dire, au piège de son discours. Ajoutons maintenant que ce piège est souvent aussi une métaphore ou une comparaison dont on retourne contre lui la matérialité. On se rappelle ce dialogue entre une mère et son fils dans les *Faux Bonshommes* : « Mon ami, la Bourse est un jeu dangereux. On gagne un jour et l'on perd le lendemain. — Eh bien, je ne jouerai que tous les deux jours. » Et, dans la même pièce, l'édifiante conversation de deux financiers : « Est-ce bien loyal ce que nous faisons là ? Car enfin, ces malheureux actionnaires, nous leur prenons l'argent dans la poche... Et dans quoi voulez-vous donc que nous le prenions ? »

Aussi obtiendra-t-on un effet amusant quand on développera un symbole ou un emblème dans le sens de leur matérialité et qu'on affectera alors de conserver à ce développement la même valeur symbolique qu'à l'emblème. Dans un très joyeux vaudeville, on nous présente un fonctionnaire de Monaco dont l'uniforme est couvert de médailles, bien qu'une seule décoration lui ait été conférée : « C'est, dit-il, que j'ai placé ma médaille sur un numéro de la roulette, et comme ce numéro est sorti, j'ai eu droit à trente-six fois ma mise. » N'est-ce pas un raisonnement analogue que celui de Giboyer dans *Les Effrontés* ? On parle d'une mariée de quarante ans qui porte des fleurs d'oranger sur sa toilette de noce : « Elle aurait droit à des oranges », dit Giboyer.

Mais nous n'en finirions pas si nous devions prendre une à une les diverses lois que nous avons énoncées, et en chercher la vérification sur ce que nous avons appelé le plan du langage. Nous ferons mieux de nous en tenir aux trois propositions générales de notre dernier chapitre. Nous avons montré que des « séries d'événements » pouvaient devenir comiques soit par *répétition*, soit par *inversion*, soit enfin par *interférence*. Nous allons voir qu'il en est de même des séries de mots.

Prendre des séries d'événements et les répéter dans un nouveau ton ou dans un nouveau milieu, ou les intervertir en leur conservant encore un sens, ou les mêler de manière que leurs significations respectives interfèrent entre elles, cela est comique, disions-nous, parce que c'est obtenir de la vie qu'elle se laisse traiter mécaniquement. Mais la pensée, elle aussi, est chose qui vit. Et le langage, qui traduit la pensée, devrait être aussi vivant qu'elle. On devine donc qu'une phrase deviendra comique si elle donne encore un sens en se retournant, ou si elle exprime indifféremment deux systèmes d'idées tout à fait indépendants, ou enfin si on l'a obtenue en transposant une idée dans un ton qui n'est pas le sien. Telles sont bien en effet les trois lois fondamentales de ce qu'on pourrait appeler la *transformation comique des propositions*, comme nous allons le montrer sur quelques exemples.

Disons d'abord que ces trois lois sont loin d'avoir une égale importance en ce qui concerne la théorie du comique. L'*inversion* est le procédé le moins intéressant. Mais il doit être d'une application facile, car on constate que les professionnels de l'esprit, dès qu'ils entendent prononcer une phrase, cherchent si l'on n'obtiendrait pas encore un sens en la renversant, par exemple en mettant le sujet à la place du régime et le régime à la place du sujet. Il n'est pas rare qu'on se serve de ce moyen pour réfuter une idée en termes plus ou moins plaisants. Dans une comédie de Labiche, un personnage crie au locataire d'au-dessus, qui lui salit son balcon : « Pourquoi jetez-vous vos pipes sur ma terrasse ? » À quoi la voix du locataire répond : « Pourquoi mettez-vous votre terrasse sous mes pipes ? » Mais il est inutile d'insister sur ce genre d'esprit. On en multiplierait trop aisément les exemples.

L'*interférence* de deux systèmes d'idées dans la même phrase est une source intarissable d'effets plaisants. Il y a bien des moyens d'obtenir ici l'interférence, c'est-à-dire de donner à la même phrase deux significations indépendantes qui se superposent. Le moins estimable de ces moyens est le calembour. Dans le calembour, c'est bien la même phrase qui parait présenter deux sens indépendants, mais ce n'est qu'une apparence, et il y a en réalité deux phrases différentes, composées de mots différents, qu'on affecte de confondre entre elles en profitant de ce qu'elles donnent le même son à l'oreille. Du calembour on passera d'ailleurs par gradations insensibles au véritable jeu de mots. Ici les deux systèmes d'idées se recouvrent réellement dans une seule et même phrase et l'on a affaire aux mêmes mots ; on profite simplement de la diversité de sens qu'un mot peut prendre, dans son passage surtout du propre au figuré. Aussi ne trouvera-t-on souvent qu'une nuance de différence entre le jeu de mots, d'une part, et la métaphore poétique ou la comparaison instructive de l'autre. Tandis que la comparaison qui instruit et l'image qui frappe nous paraissent manifester l'accord intime du langage et de la nature, envisagés comme deux formes parallèles de la vie, le jeu de mots nous fait plutôt penser à un laisser-aller du langage, qui oublierait un instant sa destination véritable et prétendrait maintenant régler les choses sur lui, au lieu de se régler sur elles. Le jeu de mots trahit donc une *distraction* momentanée du langage, et c'est d'ailleurs par là qu'il est amusant.

*Inversion* et *interférence*, en somme, ne sont que des jeux d'esprit aboutissant à des jeux de mots. Plus profond est le comique de la *transposition*. La transposition est en effet au langage courant ce que la répétition est à la comédie.

Nous disions que la répétition est le procédé favori de la comédie classique. Elle consiste à disposer les événements de manière qu'une scène se reproduise, soit entre les mêmes personnages dans de nouvelles circonstances, soit entre des personnages nouveaux dans des situations identiques. C'est ainsi qu'on fera répéter par les valets, en langage moins noble, une scène déjà jouée par les maîtres. Supposez maintenant des idées exprimées dans le style qui leur convient et encadrées ainsi dans leur milieu naturel. Si vous imaginez un dispositif qui leur permette de se transporter dans un milieu nouveau en conservant les rapports qu'elles ont entre elles, ou, en d'autres termes, si vous les amenez à s'exprimer en un tout autre style et à se transposer en un tout autre ton, c'est le langage qui vous donnera cette fois la comédie, c'est le langage qui sera comique. Point ne sera besoin, d'ailleurs, de nous présenter effectivement les deux expressions de la même idée, l'expression transposée et l'expression naturelle. Nous connaissons l'expression naturelle, en effet, puisque c'est celle que nous trouvons d'instinct. C'est donc sur l'autre, et sur l'autre seulement, que portera l'effort d'invention comique. Dès que la seconde nous est présentée, nous suppléons, de nous-mêmes, la première. D'où cette règle générale : *On obtiendra un effet comique en transposant l'expression naturelle d'une idée dans un autre ton.*

Les moyens de transposition sont si nombreux et si variés, le langage présente une si riche continuité de tons, le comique peut passer ici par un si grand nombre de degrés, depuis la plus plate bouffonnerie jusqu'aux formes les plus hautes de l'*humour* et de l'ironie, que nous renonçons à faire une énumération complète. Il nous suffira, après avoir posé la règle, d'en vérifier de loin en loin les principales applications.

On pourrait d'abord distinguer deux tons extrêmes, le solennel et le familier. On obtiendra les effets les plus gros par la simple transposition de l'un dans l'autre. De là, deux directions opposées de la fantaisie comique.

Transpose-t-on en familier le solennel ? On a la parodie. Et l'effet de parodie, ainsi défini, se prolongera jusqu'à des cas où l'idée exprimée en termes familiers est de celles qui devraient, ne fût-ce que par habitude, adopter un autre ton. Exemple, cette description du lever de l'aurore, citée par Jean-Paul Richter : « Le ciel commençait à passer du noir au rouge, semblable à un homard qui cuit. » On remarquera que l'expression de choses antiques en termes de la vie moderne donne le même effet, à cause de l'auréole de poésie qui entoure l'antiquité classique.

C'est, sans aucun doute, le comique de la parodie qui a suggéré à quelques philosophes, en particulier à Alexandre Bain, l'idée de définir le comique en général par la *dégradation*. Le risible naîtrait « quand on nous présente une chose, auparavant respectée, comme médiocre et vile ». Mais si notre analyse est exacte, la dégradation n'est qu'une des formes de la transposition, et la transposition elle-même n'est qu'un des moyens d'obtenir le rire. Il y en a beaucoup d'autres, et la source du rire doit être cherchée plus haut. D'ailleurs, sans aller aussi loin, il est aisé de voir que si la transposition du solennel en trivial, du meilleur en pire, est comique, la transposition inverse peut l'être encore davantage.

On la trouve aussi souvent que l'autre. Et l'on pourrait, semble-t-il, en distinguer deux formes principales, selon qu'elle porte sur la *grandeur* des objets ou sur leur *valeur*.

Parler des petites choses comme si elles étaient grandes, c'est, d'une manière générale, *exagérer*. L'exagération est comique quand elle est prolongée et surtout quand elle est systématique : c'est alors, en effet, qu'elle apparaît comme un procédé de transposition. Elle fait si bien rire que quelques auteurs ont pu définir le comique par l'exagération, comme d'autres l'avaient défini par la dégradation. En réalité, l'exagération, comme la dégradation, n'est qu'une certaine forme d'une certaine espèce de comique. Mais c'en est une forme très frappante. Elle a donné naissance au poème héroï-comique, genre un peu usé, sans doute, mais dont on retrouve les restes chez tous ceux qui sont enclins à exagérer méthodiquement. On pourrait dire de la vantardise, souvent, que c'est par son côté héroï-comique, qu'elle nous fait rire.

Plus artificielle, mais plus raffinée aussi, est la transposition de bas en haut qui s'applique à la valeur des choses, et non plus à leur grandeur. Exprimer honnêtement une idée malhonnête, prendre une situation scabreuse, ou un métier bas, ou une conduite vile, et les décrire en termes de stricte *respectability*, cela est généralement comique. Nous venons d'employer un mot anglais : la chose elle-même, en effet, est bien anglaise. On en trouverait d'innombrables exemples chez Dickens, chez Thackeray, dans la littérature anglaise en général. Notons-le en passant : l'intensité de l'effet ne dépend pas ici de sa longueur. Un mot suffira parfois, pourvu que ce mot nous laisse entrevoir tout un système de transposition accepté dans un certain milieu, et qu'il nous révèle, en quelque sorte, une organisation morale de l'immoralité. On se rappelle cette observation d'un haut fonctionnaire à un de ses subordonnés, dans une pièce de Gogol : « Tu voles trop pour un fonctionnaire de ton grade. »

Pour résumer ce qui précède, nous dirons qu'il y a d'abord deux termes de comparaison extrêmes, le très grand et le très petit, le meilleur et le pire, entre lesquels la transposition peut s'effectuer dans un sens ou dans l'autre. Maintenant, en resserrant peu à peu l'intervalle, on obtiendrait des termes à contraste de moins en moins brutal et des effets de transposition comique de plus en plus subtils.

La plus générale de ces oppositions serait peut-être celle du réel à l'idéal, de ce qui est à ce qui devrait être. Ici encore la transposition pourra se faire dans les deux directions inverses. Tantôt on énoncera ce qui devrait être en feignant de croire que c'est précisément ce qui est : en cela consiste l'*ironie*. Tantôt, au contraire, on décrira minutieusement et méticuleusement ce qui est, en affectant de croire que c'est bien là ce que les choses devraient être : ainsi procède souvent l'*humour*. L'humour, ainsi définie, est l'inverse de l'ironie. Elles sont, l'une et l'autre, des formes de la satire, mais l'ironie est de nature oratoire, tandis que l'humour a quelque chose de plus scientifique. On accentue l'ironie en se laissant soulever de plus en plus haut par l'idée du bien qui devrait être : c'est pourquoi l'ironie peut s'échauffer intérieurement jusqu'à devenir, en quelque sorte, de l'éloquence sous pression. On accentue l'humour, au contraire, en descendant de plus en plus bas à l'intérieur du mal qui est, pour en noter les particularités avec une plus froide indifférence. Plusieurs auteurs, Jean-Paul entre autres, ont remarqué que l'humour affectionne les termes concrets, les détails techniques, les faits précis. Si notre analyse est exacte, ce n'est pas là un trait accidentel de l'humour, c'en est, là où il se rencontre, l'essence même. L'humoriste est ici un moraliste qui se déguise en savant, quelque chose comme un anatomiste qui ne ferait de la dissection que pour nous dégoûter ; et l'humour, au sens restreint où nous prenons le mot, est bien une transposition du moral en scientifique.

En rétrécissant encore l'intervalle des termes qu'on transpose l'un dans l'autre, on obtiendrait maintenant des systèmes de transposition comique de plus en plus spéciaux. Ainsi, certaines professions ont un vocabulaire technique : combien n'a-t-on pas obtenu d'effets risibles en transposant dans ce langage professionnel les idées de la vie commune ! Également comique est l'extension de la langue des affaires aux relations mondaines, par exemple cette phrase d'un personnage de Labiche faisant allusion à une lettre d'invitation qu'il a reçue : « Votre amicale du 3 de l'écoulé », et transposant ainsi la formule commerciale : « Votre honorée du 3 courant. » Ce genre de comique peut d'ailleurs atteindre une profondeur particulière quand il ne décèle plus seulement une habitude professionnelle, mais un vice de caractère. On se rappelle les scènes des *Faux Bonshommes* et de la *Famille Benoiton* où le mariage est traité comme une affaire, et où les questions de sentiment se posent en termes strictement commerciaux.

Mais nous touchons ici au point où les particularités de langage ne font que traduire les particularités de caractère, et nous devons en réserver pour notre prochain chapitre l'étude plus approfondie. Ainsi qu'il fallait s'y attendre, et comme on a pu voir par ce qui précède, le comique de mots suit de près le comique de situation et vient se perdre, avec ce dernier genre de comique lui-même, dans le comique de caractère. Le langage n'aboutit à des effets risibles que parce qu'il est une œuvre humaine, modelée aussi exactement que possible sur les formes de l'esprit humain. Nous sentons en lui quelque chose qui vit de notre vie ; et si cette vie du langage était complète et parfaite, s'il n'y avait rien en elle de figé, si le langage enfin était un organisme tout à fait unifié, incapable de se scinder en organismes indépendants, il échapperait au comique, comme y échapperait d'ailleurs aussi une âme à la vie harmonieusement fondue, unie, semblable à une nappe d'eau bien tranquille. Mais il n'y a pas d'étang qui ne laisse flotter des feuilles mortes à sa surface, pas d'âme humaine sur laquelle ne se posent des habitudes qui la raidissent contre elle-même en la raidissant contre les autres, pas de langue enfin assez souple, assez vivante, assez présente tout entière à chacune de ses parties pour éliminer le tout fait et pour résister aussi aux opérations mécaniques d'inversion, de transposition, etc., qu'on voudrait exécuter sur elle comme sur une simple chose. Le raide, le tout fait, le mécanique, par opposition au souple, au continuellement changeant, au vivant, la distraction par opposition à l'attention, enfin l'automatisme par opposition à l'activité libre, voilà, en somme, ce que le rire souligne et voudrait corriger. Nous avons demandé à cette idée d'éclairer notre départ au moment où nous nous engagions dans l'analyse du comique. Nous l'avons vue briller à tous les tournants décisifs de notre chemin. C'est par elle maintenant que nous allons aborder une recherche plus importante et, nous l'espérons, plus instructive. Nous nous proposons, en effet, d'étudier les caractères comiques, ou plutôt de déterminer les conditions essentielles de la comédie de caractère, mais en tâchant que cette étude contribue à nous faire comprendre la vraie nature de l'art, ainsi que le rapport général de l'art à la vie.

# Chapitre III

*Le comique de caractère.*

## I

Nous avons suivi le comique à travers plusieurs de ses tours et détours, cherchant comment il s'infiltre dans une forme, une attitude, un geste, une situation, une action, un mot. Avec l'analyse des *caractères* comiques, nous arrivons maintenant à la partie la plus importante de notre tâche. C'en serait d'ailleurs aussi la plus difficile, si nous avions cédé à la tentation de définir le risible sur quelques exemples frappants, et par conséquent grossiers : alors, à mesure que nous nous serions élevés vers les manifestations du comique les plus hautes, nous aurions vu les faits glisser entre les mailles trop larges de la définition qui voudrait les retenir. Mais nous avons suivi en réalité la méthode inverse : c'est du haut vers le bas que nous avons dirigé la lumière. Convaincu que le rire a une signification et une portée sociales, que le comique exprime avant tout une certaine inadaptation particulière de la personne à la société, qu'il n'y a de comique enfin que l'homme, c'est l'homme, c'est le caractère que nous avons visé d'abord. La difficulté était bien plutôt alors d'expliquer comment il nous arrive de rire d'autre chose que d'un caractère, et par quels subtils phénomènes d'imprégnation, de combinaison ou de mélange le comique peut s'insinuer dans un simple mouvement, dans une situation impersonnelle, dans une phrase indépendante. Tel est le travail que nous avons fait jusqu'ici. Nous nous donnions le métal pur, et nos efforts ne tendaient qu'à reconstituer le minerai. Mais c'est le métal lui-même que nous allons étudier maintenant. Rien ne sera plus facile, car nous avons affaire cette fois à un élément simple. Regardons-le de près, et voyons comment il réagit à tout le reste.

Il y a des états d'âme, disions-nous, dont on s'émeut dès qu'on les connaît, des joies et des tristesses avec lesquelles on sympathise, des passions et des vices qui provoquent l'étonnement douloureux, ou la terreur, ou la pitié chez ceux qui les contemplent, enfin des sentiments qui se prolongent d'âme en âme par des résonances sentimentales. Tout cela intéresse l'essentiel de la vie. Tout cela est sérieux, parfois même tragique. Où la personne d'autrui cesse de nous émouvoir, là seulement peut commencer la comédie. Et elle commence avec ce qui-on pourrait appeler *le raidissement contre la vie sociale.* Est comique le personnage qui suit automatiquement son chemin sans se soucier de prendre contact avec les autres. Le rire est là pour corriger sa distraction et pour le tirer de son rêve. S'il est permis de comparer aux petites choses les grandes, nous rappellerons ici ce qui se passe à l'entrée de nos Écoles. Quand le candidat a franchi les redoutables épreuves de l'examen, il lui reste à en affronter d'autres, celles que ses camarades plus anciens lui préparent pour le former à la société nouvelle où il pénètre et, comme ils disent, pour lui assouplir le caractère. Toute petite société qui se forme au sein de la grande est portée ainsi, par un vague instinct, à inventer un mode de correction et d'assouplissement pour la raideur des habitudes contractées ailleurs et qu'il va falloir modifier. La société proprement dite ne procède pas autrement. Il faut que chacun de ses membres reste attentif à ce qui l'environne, se modèle sur l'entourage, évite enfin de s'enfermer dans son caractère ainsi que dans une tour d'ivoire. Et c'est pourquoi elle fait planer sur chacun, sinon la menace d'une correction, du moins la perspective d'une humiliation qui, pour être légère, n'en est pas moins redoutée. Telle doit être la fonction du rire. Toujours un peu humiliant pour celui qui en est l'objet, le rire est véritablement une espèce de brimade sociale.

De là le caractère équivoque du comique. Il n'appartient ni tout à fait à l'art, ni tout à fait à la vie. D'un côté les personnages de la vie réelle ne nous feraient pas rire si nous n'étions capables d'assister à leurs démarches comme à un spectacle que nous regardons du haut de notre loge ; ils ne sont comiques à nos yeux que parce qu'ils nous donnent la comédie. Mais, d'autre part, même au théâtre, le plaisir de rire n'est pas un plaisir pur, je veux dire un plaisir exclusivement esthétique, absolument désintéressé. Il s'y mêle une arrière-pensée que la société a pour nous quand nous ne l'avons pas nous-mêmes. Il y entre l'intention inavouée d'humilier, et par là, il est vrai, de corriger tout au moins, extérieurement. C'est pourquoi la comédie est bien plus près de la vie réelle que le drame. Plus un drame a de grandeur, plus profonde est l'élaboration à laquelle le poète a dû soumettre la réalité pour en dégager le tragique à l'état pur. Au contraire, c'est dans ses formes intérieures seulement, c'est dans le vaudeville et la farce, que la comédie tranche sur le réel : plus elle s'élève, plus elle tend à se confondre avec la vie, et il y a des scènes de la vie réelle qui sont si voisines de la haute comédie que le théâtre pourrait se les approprier sans y changer un mot.

Il suit de là que les éléments du caractère comique seront les mêmes au théâtre et dans la vie. Quels sont-ils ? Nous n'aurons pas de peine à les déduire.

On a souvent dit que les défauts *légers* de nos semblables sont ceux qui nous font rire. Je reconnais qu'il y a une large part de vérité dans cette opinion, et néanmoins je ne puis la croire tout à fait exacte. D'abord, en matière de défauts, la limite est malaisée à tracer entre le léger et le grave : peut-être n'est-ce pas parce qu'un défaut est léger qu'il nous fait rire, mais parce qu'il nous fait rire que nous le trouvons léger, rien ne désarme comme le rire. Mais on peut aller plus loin, et soutenir qu'il y a des défauts dont nous rions tout en les sachant graves : par exemple l'avarice d'Harpagon. Et enfin il faut bien s'avouer — quoiqu'il en coûte un peu de le dire — que nous ne rions pas seulement des défauts de nos semblables, mais aussi, quelquefois, de leurs qualités. Nous rions d'Alceste. On dira que ce n'est pas l'honnêteté d'Alceste qui est comique, mais la forme particulière que l'honnêteté prend chez lui et, en somme, un certain travers qui nous la gâte. Je le veux bien, mais il n'en est pas moins vrai que ce travers d'Alceste, dont nous rions, *rend son honnêteté risible*, et c'est là le point important. Concluons donc enfin que le comique n'est pas toujours l'indice d'un défaut, au sens moral du mot, et que si l'on tient à y voir un défaut, et un défaut léger, il faudra indiquer à quel signe précis se distingue ici le léger du grave.

La vérité est que le personnage comique peut, à la rigueur, être en règle avec la stricte morale. Il lui reste seulement à se mettre en règle avec la société. Le caractère d'Alceste est celui d'un parfait honnête homme. Mais il est insociable, et par là même comique. Un vice souple serait moins facile à ridiculiser qu'une vertu inflexible. C'est la *raideur* qui est suspecte à la société. C'est donc la raideur d'Alceste qui nous fait rire, quoique cette raideur soit ici honnêteté. Quiconque s'isole s'expose au ridicule, parce que le comique est fait, en grande partie, de cet isolement même. Ainsi s'explique que le comique soit si souvent relatif aux mœurs, aux idées — tranchons le mot, aux préjugés d'une société.

Toutefois, il faut bien reconnaître, à l'honneur de l'humanité, que l'idéal social et l'idéal moral ne diffèrent pas essentiellement. Nous pouvons donc admettre qu'en règle générale ce sont bien les défauts d'autrui qui nous font rire — quitte à ajouter, il est vrai, que ces défauts nous font rire en raison de leur *insociabilité* plutôt que de leur *immoralité*. Resterait alors à savoir quels sont les défauts qui peuvent devenir comiques, et dans quels cas nous les jugeons trop sérieux pour en rire.

Mais à cette question nous avons déjà répondu implicitement. Le comique, disions-nous, s'adresse à l'intelligence pure ; le rire est incompatible avec l'émotion. Peignez-moi un défaut aussi léger que vous voudrez : si vous me le présentez de manière à émouvoir ma sympathie, ou ma crainte, ou ma pitié, c'est fini, je ne puis plus en rire. Choisissez au contraire un vice profond et même, en général, odieux : vous pourrez le rendre comique si vous réussissez d'abord, par des artifices appropriés, à faire qu'il me laisse insensible. Je ne dis pas qu'alors le vice sera comique ; je dis que dès lors il pourra le devenir. *Il ne faut pas qu'il m'émeuve*, voilà la seule condition réellement nécessaire, quoiqu'elle ne soit sûrement pas suffisante.

Mais comment le poète comique s'y prendra-t-il pour m'empêcher de m'émouvoir ? La question est embarrassante. Pour la tirer au clair, il faudrait s'engager dans un ordre de recherches assez nouveau, analyser la sympathie artificielle que nous apportons au théâtre, déterminer dans quels cas nous acceptons, dans quels cas nous refusons de partager des joies et des souffrances imaginaires. Il y a un art de bercer notre sensibilité et de lui préparer des rêves, ainsi qu'à un sujet magnétisé. Et il y en a un aussi de décourager notre sympathie au moment précis où elle pourrait s'offrir, de telle manière que la situation, même sérieuse, ne soit pas prise au sérieux. Deux procédés paraissent dominer ce dernier art, que le poète comique applique plus ou moins inconsciemment. Le premier consiste à *isoler*, au milieu de l'âme du personnage, le sentiment qu'on lui prête, et à en faire pour ainsi dire un état parasite doué d'une existence indépendante. En général, un sentiment intense gagne de proche en proche tous les autres états d'âme et les teint de la coloration qui lui est propre : si l'on nous fait assister alors à cette imprégnation graduelle, nous finissons peu à peu par nous imprégner nous-mêmes d'une émotion correspondante. On pourrait dire — pour recourir à une autre image — qu'une émotion est dramatique, communicative, quand tous les harmoniques y sont donnés avec la note fondamentale. C'est parce que l'acteur vibre tout entier que le public pourra vibrer à son tour. Au contraire, dans l'émotion qui nous laisse indifférents et qui deviendra comique, il y a une *raideur* qui l'empêche d'entrer en relation avec le reste de l'âme où elle siège. Cette raideur pourra s'accuser, à un moment donné, par des mouvements de pantin et provoquer alors le rire, mais déjà auparavant elle contrariait notre sympathie : comment se mettre à l'unisson d'une âme qui n'est pas à l'unisson d'elle-même ? Il y a dans *l'Avare* une scène qui côtoie le drame. C'est celle où l'emprunteur et l'usurier, qui ne s'étaient pas encore vus, se rencontrent face à face et se trouvent être le fils et le père. Nous serions véritablement ici dans le drame si l'avarice et le sentiment paternel, s'entrechoquant dans l'âme d'Harpagon, y amenaient une combinaison plus ou moins originale. Mais point du tout. L'entrevue n'a pas plutôt pris fin que le père a tout oublié. Rencontrant de nouveau son fils, il fait à peine allusion à cette scène si grave : « Et vous, mon fils, à qui j'ai la bonté de pardonner l'histoire de tantôt, etc. » L'avarice a donc passé à côté du reste sans y toucher, sans en être touchée, *distraitement*. Elle a beau s'installer dans l'âme, elle a beau être devenue maîtresse de la maison, elle n'en reste pas moins une étrangère. Tout autre serait une avarice de nature tragique. On la verrait attirer à elle, absorber, s'assimiler, en les transformant, les diverses puissances de l'être : sentiments et affections, désirs et aversions, vices et vertus, tout cela deviendrait une matière à laquelle l'avarice communiquerait un nouveau genre de vie. Telle est, semble-t-il, la première différence essentielle entre la haute comédie et le drame.

Il y en a une seconde, plus apparente, et qui dérive d'ailleurs de la première. Quand on nous peint un état d'âme avec l'intention de le rendre dramatique ou simplement de nous le faire prendre au sérieux, on l'achemine peu à peu vers des actions qui en donnent la mesure exacte. C'est ainsi que l'avare combinera tout en vue du gain, et que le faux dévot, en affectant de ne regarder que le ciel, manœuvrera le plus habilement possible sur la terre. La comédie n'exclut certes pas les combinaisons de ce genre ; je n'en veux pour preuve que les machinations de Tartuffe. Mais c'est là ce que la comédie a de commun avec le drame, et pour s'en distinguer, pour nous empêcher de prendre au sérieux l'action sérieuse, pour nous préparer enfin à rire, elle use d'un moyen dont je donnerai ainsi la formule : *au lieu de concentrer notre attention sur les actes, elle la dirige plutôt sur les gestes*. J'entends ici par gestes les attitudes, les mouvements et même les discours par lesquels un état d'âme se manifeste sans but, sans profit, par le seul effet d'une espèce de démangeaison intérieure. Le geste ainsi défini diffère profondément de l'action. L'action est voulue, en tout cas consciente ; le geste échappe, il est automatique. Dans l'action, c'est la personne tout entière qui donne ; dans le geste, une partie isolée de la personne s'exprime, à l'insu ou tout au moins à l'écart de la personnalité totale. Enfin (et c'est ici le point essentiel), l'action est exactement proportionnée au sentiment qui l'inspire ; il y a passage graduel de l'un à l'autre, de sorte que notre sympathie ou notre aversion peuvent se laisser glisser le long du fil qui va du sentiment à l'acte et s'intéresser progressivement. Mais le geste a quelque chose d'explosif, qui réveille notre sensibilité prête à se laisser bercer, et qui, en nous rappelant ainsi à nous-mêmes, nous empêche de prendre les choses au sérieux. Donc, dès que notre attention se portera sur le geste et non pas sur l'acte, nous serons dans la comédie. Le personnage de Tartuffe appartiendrait au drame par ses actions : c'est quand nous tenons plutôt compte de ses gestes que nous le trouvons comique. Rappelons-nous son entrée en scène : « Laurent, serrez ma haire avec ma discipline. » Il sait que Dorine l'entend, mais il parlerait de même, soyez-en convaincu, si elle n'y était pas. Il est si bien entré dans son rôle d'hypocrite qu'il le joue, pour ainsi dire, sincèrement. C'est par là, et par là seulement, qu'il pourra devenir comique. Sans cette sincérité matérielle, sans les attitudes et le langage qu'une longue pratique de l'hypocrisie a convertis chez lui en gestes naturels, Tartuffe serait simplement odieux, parce que nous ne penserions plus qu'à ce qu'il y a de voulu dans sa conduite. On comprend ainsi que l'action soit essentielle dans le drame, accessoire dans la comédie. À la comédie, nous sentons qu'on eût aussi bien pu choisir toute autre situation pour nous présenter le personnage : c'eût été encore le même homme, dans une situation différente. Nous n'avons pas cette impression à un drame. Ici personnages et situations sont soudés ensemble, ou, pour mieux dire, les événements font partie intégrante des personnes, de sorte que si le drame nous racontait une autre histoire, on aurait beau conserver aux acteurs les mêmes noms, c'est à d'autres personnes que nous aurions véritablement affaire.

En résumé, nous avons vu qu'un caractère Peut être bon ou mauvais, peu importe : s'il est insociable, il pourra devenir comique. Nous voyons maintenant que la gravité du cas n'importe pas davantage : grave ou léger, il pourra nous faire rire si l'on s'arrange pour que nous n'en soyons pas émus. *Insociabilité* du personnage, *insensibilité* du spectateur, voilà, en somme, les deux conditions essentielles. Il y en a une troisième, impliquée dans les deux autres, et que toutes nos analyses tendaient jusqu'ici à dégager.

C'est l'automatisme. Nous l'avons montré dès le début de ce travail et nous n'avons cessé de ramener l'attention sur ce point : il n'y a d'essentiellement risible que ce qui est automatiquement accompli. Dans un défaut, dans une qualité même, le comique est ce par où le personnage se livre à son insu, le geste involontaire, le mot inconscient. Toute distraction est comique. Et plus profonde est la distraction, plus haute est la comédie. Une distraction systématique comme celle de Don Quichotte est ce qu'on peut imaginer au monde de plus comique : elle est le comique même, puisé aussi près que possible de sa source. Prenez tout autre personnage comique. Si conscient qu'il puisse être de ce qu'il dit et de ce qu'il fait, s'il est comique, c'est qu'il y a un aspect de sa personne qu'il ignore, un côté par où il se dérobe à lui-même : c'est par là seulement qu'il nous fera rire. Les mots profondément comiques sont les mots naïfs où un vice se montre à nu : comment se découvrirait-il ainsi, s'il était capable de se voir et de se juger lui-même ? Il n'est pas rare qu'un personnage comique blâme une certaine conduite en termes généraux et en donne aussitôt l'exemple : témoin le maître de philosophie de M. Jourdain s'emportant après avoir prêché contre la colère, Vadius tirant des vers de sa poche après avoir raillé les liseurs de vers, etc. À quoi peuvent tendre ces contradictions, sinon à nous faire toucher du doigt l'inconscience des personnages ? Inattention à soi et par conséquent à autrui, voilà ce que nous retrouvons toujours. Et si l'on examine les choses de près, on verra que l'inattention se confond précisément ici avec ce que nous avons appelé l'insociabilité. La cause de raideur par excellence, c'est qu'on néglige de regarder autour de soi et surtout en soi : comment modeler sa personne sur celle d'autrui si l'on ne commence par faire connaissance avec les autres et aussi avec soi-même ? Raideur, automatisme, distraction, insociabilité, tout cela se pénètre, et c'est de tout cela qu'est fait le comique de caractère.

En résumé, si on laisse de côté, dans la personne humaine, ce qui intéresse notre sensibilité et réussit à nous émouvoir, le reste pourra devenir comique, et le comique sera en raison directe de la part de raideur qui s'y manifestera. Nous avons formulé cette idée dès le début de notre travail. Nous l'avons vérifiée dans ses principales conséquences. Nous venons de l'appliquer à la définition de la comédie. Nous devons maintenant la serrer de plus près, et montrer comment elle nous permet de marquer la place exacte de la comédie au milieu des autres arts.

En un certain sens, on pourrait dire que tout *caractère* est comique, à la condition d'entendre par caractère ce qu'il y a de *tout fait* dans notre personne, ce qui est en nous à l'état de mécanisme une fois monté, capable de fonctionner automatiquement. Ce sera, si vous voulez, ce par où nous nous répétons nous-mêmes. Et ce sera aussi, par conséquent, ce par où d'autres pourront nous répéter. Le personnage comique est un *type*. Inversement, la ressemblance à un type a quelque chose de comique. Nous pouvons avoir fréquenté longtemps une personne sans rien découvrir en elle de risible : si l'on profite d'un rapprochement accidentel pour lui appliquer le nom connu d'un héros de drame et de roman, pour un instant au moins elle côtoiera à nos yeux le ridicule. Pourtant ce personnage de roman pourra n'être pas comique. Mais il est comique de lui ressembler. Il est comique de se laisser distraire de soi-même. Il est comique de venir s'insérer, pour ainsi dire, dans un cadre préparé. Et ce qui est comique par-dessus tout, c'est de passer soi-même à l'état de cadre où d'autres s'inséreront couramment, c'est de se solidifier en caractère.

Peindre des caractères, c'est-à-dire des types généraux, voilà donc l'objet de la haute comédie. On l'a dit bien des fois. Mais nous tenons à le répéter, parce que nous estimons que cette formule suffit à définir la comédie. Non Seulement, en effet, la comédie nous présente des types généraux, mais c'est, à notre avis, *le seul* de tous les arts qui vise au général, de sorte que lorsqu'une fois on lui a assigné ce but, on a dit ce qu'elle est, et ce que le reste ne peut pas être. Pour prouver que telle est bien l'essence de la comédie, et qu'elle s'oppose par là à la tragédie, au drame, aux autres formes de l'art, il faudrait commencer par définir l'art dans ce qu'il a de plus élevé : alors, descendant peu à peu à la poésie comique, on verrait qu'elle est placée aux confins de l'art et de la vie, et qu'elle tranche, par son caractère de généralité, sur le reste des arts. Nous ne pouvons nous lancer ici dans une étude aussi vaste. Force nous est bien pourtant d'en esquisser le plan, sous peine de négliger ce qu'il y a d'essentiel, selon nous, dans le théâtre comique.

Quel est l'objet de l'art ? Si la réalité venait frapper directement nos sens et notre conscience, si nous pouvions entrer en communication immédiate avec les choses et avec nous-mêmes, je crois bien que l'art serait inutile, ou plutôt que nous serions tous artistes, car notre âme vibrerait alors continuellement à l'unisson de la nature. Nos yeux, aidés de notre mémoire, découperaient dans l'espace et fixeraient dans le temps des tableaux inimitables. Notre regard saisirait au passage, sculptés dans le marbre vivant du corps humain, des fragments de statue aussi beaux que ceux de la statuaire antique. Nous entendrions chanter au fond de nos âmes, comme une musique quelquefois gaie, plus souvent plaintive, toujours originale, la mélodie ininterrompue de notre vie intérieure. Tout cela est autour de nous, tout cela est en nous, et pourtant rien de tout cela n'est perçu par nous distinctement. Entre la nature et nous, que dis-je ? entre nous et notre propre conscience, un voile s'interpose, voile épais pour le commun des hommes, voile léger, presque transparent, pour l'artiste et le poète. Quelle fée a tissé ce voile ? Fut-ce par malice ou par amitié ? Il fallait vivre, et la vie exige que nous appréhendions les choses dans le rapport qu'elles ont à nos besoins. Vivre consiste à agir. Vivre, c'est n'accepter des objets que l'impression *utile* pour y répondre par des réactions appropriées : les autres impressions doivent s'obscurcir ou ne nous arriver que confusément. Je regarde et je crois voir, j'écoute et je crois entendre, je m'étudie et je crois lire dans le fond de mon cœur. Mais ce que je vois et ce que j'entends du monde extérieur, c'est simplement ce que mes sens en extraient pour éclairer ma conduite ; ce que je connais de moi-même, c'est ce qui affleure à la surface, ce qui prend part à l'action. Mes sens et ma conscience ne me livrent donc de la réalité qu'une simplification pratique. Dans la vision qu'ils me donnent des choses et de moi-même, les différences inutiles à l'homme sont effacées, les ressemblances utiles à l'homme sont accentuées, des routes me sont tracées à l'avance où mon action s'engagera. Ces routes sont celles où l'humanité entière a passé avant moi. Les choses ont été classées en vue du parti que j'en pourrai tirer.

Et c'est cette classification que j'aperçois, beaucoup plus que la couleur et la forme des choses. Sans doute l'homme est déjà très supérieur à l'animal sur ce point. Il est peu probable que l'œil du loup fasse une différence entre le chevreau et l'agneau ; ce sont là, pour le loup, deux proies identiques, étant également faciles à saisir, également bonnes à dévorer. Nous faisons, nous, une différence entre la chèvre et le mouton ; mais distinguons-nous une chèvre d'une chèvre, un mouton d'un mouton ? L'*individualité* des choses et des êtres nous échappe toutes les fois qu'il ne nous est pas matériellement utile de l'apercevoir. Et là même où nous la remarquons (comme lorsque nous distinguons un homme d'un autre homme), ce n'est pas l'individualité même que notre œil saisit, c'est-à-dire une certaine harmonie tout à fait originale de formes et de couleurs, mais seulement un ou deux traits qui faciliteront la reconnaissance pratique.

Enfin, pour tout dire, nous ne voyons pas les choses mêmes ; nous nous bornons, le plus souvent, à lire des étiquettes collées sur elles. Cette tendance, issue du besoin, s'est encore accentuée sous l'influence du langage. Car les mots (à l'exception des noms propres) désignent des genres. Le mot, qui ne note de la chose que sa fonction la plus commune et son aspect banal, s'insinue entre elle et nous, et en masquerait la forme à nos yeux si cette forme ne se dissimulait déjà derrière les besoins qui ont créé le mot lui-même. Et ce ne sont pas seulement les objets extérieurs, ce sont aussi nos propres états d'âme qui se dérobent à nous dans ce qu'ils ont d'intime, de personnel, d'originalement vécu. Quand nous éprouvons de l'amour ou de la haine, quand nous nous sentons joyeux ou tristes, est-ce bien notre sentiment lui-même qui arrive à notre conscience avec les mille nuances fugitives et les mille résonances profondes qui en font quelque chose d'absolument nôtre ? Nous serions alors tous romanciers, tous poètes, tous musiciens. Mais le plus souvent, nous n'apercevons de notre état d'âme que son déploiement extérieur. Nous ne saisissons de nos sentiments que leur aspect impersonnel, celui que le langage a pu noter une fois pour toutes parce qu'il est à peu près le même, dans les mêmes conditions, pour tous les hommes. Ainsi, jusque dans notre propre individu, l'individualité nous échappe. Nous nous mouvons parmi des généralités et des symboles, comme en un champ clos où notre force se mesure utilement avec d'autres forces ; et fascinés par l'action, attirés par elle, pour notre plus grand bien, sur le terrain qu'elle s'est choisi, nous vivons dans une zone mitoyenne entre les choses et nous, extérieurement aux choses, extérieurement aussi à nous-mêmes. Mais de loin en loin, par distraction, la nature suscite des âmes plus détachées de la vie. Je ne parle pas de ce détachement voulu, raisonné, systématique, qui est œuvre de réflexion et de philosophie. Je parle d'un détachement naturel, inné à la structure du sens ou de la conscience, et qui se manifeste tout de suite par une manière virginale, en quelque sorte, de voir, d'entendre ou de penser. Si ce détachement était complet, si l'âme n'adhérait plus à l'action par aucune de ses perceptions, elle serait l'âme d'un artiste comme le monde n'en a point vu encore. Elle excellerait dans tous les arts à la fois, ou plutôt elle les fondrait tous en un seul. Elle apercevrait toutes choses dans leur pureté originelle, aussi bien les formes, les couleurs et les sons du monde matériel que les plus subtils mouvements de la vie intérieure. Mais c'est trop demander à la nature. Pour ceux mêmes d'entre nous qu'elle a faits artistes, c'est accidentellement, et d'un seul côté, qu'elle a soulevé le voile. C'est dans une direction seulement qu'elle a oublié d'attacher la perception au besoin. Et comme chaque direction correspond à ce que nous appelons un *sens*, c'est par un de ses sens, et par ce sens seulement, que l'artiste est ordinairement voué à l'art. De là, à l'origine, la diversité des arts. De là aussi la spécialité des prédispositions. Celui-là s'attachera aux couleurs et aux formes, et comme il aime la couleur pour la couleur, la forme pour la forme, comme il les perçoit pour elles et non pour lui, c'est la vie intérieure des choses qu'il verra transparaître à travers leurs formes et leurs couleurs. Il la fera entrer peu à peu dans notre perception d'abord déconcertée. Pour un moment au moins, il nous détachera des préjugés de forme et de couleur qui s'interposaient entre notre œil et la réalité. Et il réalisera ainsi la plus haute ambition de l'art, qui est ici de nous révéler la nature. — D'autres se replieront plutôt sur eux-mêmes. Sous les mille actions naissantes qui dessinent au-dehors un sentiment, derrière le mot banal et social qui exprime et recouvre un état d'âme individuel, c'est le sentiment, c'est l'état d'âme qu'ils iront chercher simple et pur. Et pour nous induire à tenter le même effort sur nous-mêmes, ils s'ingénieront à nous faire voir quelque chose de ce qu'ils auront vu : par des arrangements rythmés de mots, qui arrivent ainsi à s'organiser ensemble et à s'animer d'une vie originale, ils nous disent, ou plutôt ils nous suggèrent, des choses que le langage n'était pas fait pour exprimer. — D'autres creuseront plus profondément encore. Sous ces joies et ces tristesses qui peuvent à la rigueur se traduire en paroles, ils saisiront quelque chose qui n'a plus rien de commun avec la parole, certains rythmes de vie et de respiration qui sont plus intérieurs à l'homme que ses sentiments les plus intérieurs, étant la loi vivante, variable avec chaque personne, de sa dépression et de son exaltation, de ses regrets et de ses espérances. En dégageant, en accentuant cette musique, ils l'imposeront à notre attention ; ils feront que nous nous y insérerons involontairement nous-mêmes, comme des passants qui entrent dans une danse. Et par là ils nous amèneront à ébranler aussi, tout au fond de nous, quelque chose qui attendait le moment de vibrer. — Ainsi, qu'il soit peinture, sculpture, poésie ou musique, l'art n'a d'autre objet que d'écarter les symboles pratiquement utiles, les généralités conventionnellement et socialement acceptées, enfin tout ce qui nous masque la réalité, pour nous mettre face à face avec la réalité même. C'est d'un malentendu sur ce point qu'est né le débat entre le réalisme et l'idéalisme dans l'art. L'art n'est sûrement qu'une vision plus directe de la réalité. Mais cette pureté de perception implique une rupture avec la convention utile, un désintéressement inné et spécialement localisé du sens ou de la conscience, enfin une certaine immatérialité de vie, qui est ce qu'on a toujours appelé de l'idéalisme. De sorte qu'on pourrait dire, sans jouer aucunement sur le sens des mots, que le réalisme est dans l'œuvre quand l'idéalisme est dans l'âme, et que c'est à force d'idéalité seulement qu'on reprend contact avec la réalité.

L'art dramatique ne fait pas exception à cette loi. Ce que le drame va chercher et amène à la pleine lumière, c'est une réalité profonde qui nous est voilée, souvent dans notre intérêt même, par les nécessités de la vie. Quelle est cette réalité ? Quelles sont ces nécessités ? Toute poésie exprime des états d'âme. Mais parmi ces états, il en est qui naissent surtout du contact de l'homme avec ses semblables. Ce sont les sentiments les plus intenses et aussi les plus violents. Comme les électricités s'appellent et s'accumulent entre les deux plaques du condensateur d'où l'on fera jaillir l'étincelle, ainsi, par la seule mise en présence des hommes entre eux, des attractions et des répulsions profondes se produisent, des ruptures complètes d'équilibre, enfin cette électrisation de l'âme qui est la passion. Si l'homme s'abandonnait au mouvement de sa nature sensible, s'il n'y avait ni loi sociale ni loi morale, ces explosions de sentiments violents seraient l'ordinaire de la vie. Mais il est utile que ces explosions soient conjurées. Il est nécessaire que l'homme vive en société, et s'astreigne par conséquent à une règle. Et ce que l'intérêt conseille, la raison l'ordonne : il y a un devoir, et notre destination est d'y obéir. Sous cette double influence a dû se former pour le genre humain une couche superficielle de sentiments et d'idées qui tendent à l'immutabilité, qui voudraient du moins être communs à tous les hommes, et qui recouvrent, quand ils n'ont pas la force de l'étouffer, le feu intérieur des passions individuelles. Le lent progrès de l'humanité vers une vie sociale de plus en plus pacifiée a consolidé cette couche peu à peu, comme la vie de notre planète elle-même a été un long effort pour recouvrir d'une pellicule solide et froide la masse ignée des métaux en ébullition. Mais il y a des éruptions volcaniques. Et si la terre était un être vivant, comme le voulait la mythologie, elle aimerait peut-être, tout en se reposant, rêver à ces explosions brusques où tout à coup elle se ressaisit dans ce qu'elle a de plus profond. C'est un plaisir de ce genre que le drame nous procure. Sous la vie tranquille, bourgeoise, que la société et la raison nous ont composée, il va remuer en nous quelque chose qui heureusement n'éclate pas, mais dont il nous fait sentir la tension intérieure. Il donne à la nature sa revanche sur la société. Tantôt il ira droit au but ; il appellera, du fond à la surface, les passions qui font tout sauter. Tantôt il obliquera, comme fait souvent le drame contemporain ; il nous révélera, avec une habileté quelquefois sophistique, les contradictions de la société avec elle-même ; il exagérera ce qu'il peut y avoir d'artificiel dans la loi sociale ; et ainsi, par un moyen détourné, en dissolvant cette fois l'enveloppe, il nous fera encore toucher le fond. Mais dans les deux cas, soit qu'il affaiblisse la société soit qu'il renforce la nature, il poursuit le même objet, qui est de nous découvrir une partie cachée de nous-mêmes, ce qu'on pourrait appeler l'élément tragique de notre personnalité. Nous avons cette impression au sortir d'un beau drame. Ce qui nous a intéressés, c'est moins ce qu'on nous a raconté d'autrui que ce qu'on nous a fait entrevoir de nous, tout un monde confus de choses vagues qui auraient voulu être, et qui, par bonheur pour nous, n'ont pas été. Il semble aussi qu'un appel ait été lancé en nous à des souvenirs ataviques infiniment anciens, si profonds, si étrangers à notre vie actuelle, que cette vie nous apparaît pendant quelques instants comme quelque chose d'irréel ou de convenu, dont il va falloir faire un nouvel apprentissage. C'est donc bien une réalité plus profonde que le drame est allé chercher au-dessous d'acquisitions plus utiles, et cet art a le même objet que les autres.

Il suit de là que l'art vise toujours l'*individuel*. Ce que le peintre fixe sur la toile, c'est ce qu'il a vu en un certain lieu, certain jour, à certaine heure, avec des couleurs qu'on ne reverra pas. Ce que le poète chante, c'est un état d'âme qui fut le sien, et le sien seulement, et qui ne sera jamais plus. Ce que le dramaturge nous met sous les yeux, c'est le déroulement d'une âme, c'est une transe vivante de sentiments et d'événements, quelque chose enfin qui s'est présenté une fois pour ne plus se reproduire jamais. Nous aurons beau donner à ces sentiments des noms généraux ; dans une autre âme ils ne seront plus la même chose. Ils sont *individualisés*. Par là surtout ils appartiennent à l'art, car les généralités, les symboles, les types même, si vous voulez, sont la monnaie courante de notre perception journalière. D'où vient donc le malentendu sur ce point ?

La raison en est qu'on a confondu deux choses très différentes : la généralité des objets et celle des jugements que nous portons sur eux. De ce qu'un sentiment est reconnu généralement pour vrai, il ne suit pas que ce soit un sentiment général. Rien de plus singulier que le personnage de Hamlet. S'il ressemble par certains côtés à d'autres hommes, ce n'est pas par là qu'il nous intéresse le plus. Mais il est universellement accepté, universellement tenu pour vivant. C'est en ce sens seulement qu'il est d'une vérité universelle. De même pour les autres produits de l'art. Chacun d'eux est singulier, mais il finira, s'il porte la marque du génie, par être accepté de tout le monde. Pourquoi l'accepte-t-on ? Et s'il est unique en son genre, à quel signe reconnaît-on qu'il est vrai ? Nous le reconnaissons, je crois, à l'effort même qu'il nous amène à faire sur nous pour voir sincèrement à notre tour. La sincérité est communicative. Ce que l'artiste a vu, nous ne le reverrons pas, sans doute, du moins pas tout à fait de même ; mais s'il l'a vu pour tout de bon, l'effort qu'il a fait pour écarter le voile s'impose à notre imitation. Son œuvre est un exemple qui nous sert de leçon. Et à l'efficacité de la leçon se mesure précisément la vérité de l'œuvre. La vérité porte donc en elle une puissance de conviction, de conversion même, qui est la marque à laquelle elle se reconnaît. Plus grande est l'œuvre et plus profonde la vérité entrevue, plus l'effet pourra s'en faire attendre, mais plus aussi cet effet tendra à devenir universel. L'universalité est donc ici dans l'effet produit, et non pas dans la cause.

Tout autre est l'objet de la comédie. Ici la généralité est dans l'œuvre même. La comédie peint des caractères que nous avons rencontrés, que nous rencontrerons encore sur notre chemin. Elle note des ressemblances. Elle vise à mettre sous nos yeux des types. Elle créera même, au besoin, des types nouveaux. Par là, elle tranche sur les autres arts.

Le titre même des grandes comédies est déjà significatif. Le Misanthrope, l'Avare, le Joueur, le Distrait, etc., voilà des noms de genres ; et là même où la comédie de caractère a pour titre un nom propre, ce nom propre est bien vite entraîné, par le poids de son contenu, dans le courant des noms communs. Nous disons « un Tartuffe », tandis que nous ne dirions pas « une Phèdre » ou « un Polyeucte ».

Surtout, l'idée ne viendra guère à un poète tragique de grouper autour de son personnage principal des personnages secondaires qui en soient, pour ainsi dire, des copies simplifiées. Le héros de tragédie est une individualité unique en son genre. On pourra l'imiter, mais on passera alors, consciemment ou non, du tragique au comique. Personne ne lui ressemble, parce qu'il ne ressemble à personne. Au contraire, un instinct remarquable porte le poète comique, quand il a composé son personnage central, à en faire graviter d'autres tout autour qui présentent les mêmes traits généraux. Beaucoup de comédies ont pour titre un nom au pluriel ou un terme collectif. « *Les* Femmes savantes », « *Les* Précieuses ridicules », « *Le Monde* où l'on s'ennuie », etc., autant de rendez-vous pris sur la scène par des personnes diverses reproduisant un même type fondamental. Il serait intéressant d'analyser cette tendance de la comédie. On y trouverait d'abord, peut-être, le pressentiment d'un fait signalé par les médecins, à savoir que les déséquilibrés d'une même espèce sont portés par une secrète attraction à se rechercher les uns les autres. Sans précisément relever de la médecine, le personnage comique est d'ordinaire, comme nous l'avons montré, un *distrait,* et de cette distraction à une rupture complète d'équilibre le passage se ferait insensiblement. Mais il y a une autre raison encore. Si l'objet du poète comique est de nous présenter des types, c'est-à-dire des caractères capables de se répéter, comment s'y prendrait-il mieux qu'en nous montrant du même type plusieurs exemplaires différents ? Le naturaliste ne procède pas autrement quand il traite d'une espèce. Il en énumère et il en décrit les principales variétés.

Cette différence essentielle entre la tragédie et la comédie, l'une s'attachant à des individus et l'autre à des genres, se traduit d'une autre manière encore. Elle apparaît dans l'élaboration première de l'œuvre. Elle se manifeste, dès le début, par deux méthodes d'observation bien différentes.

Si paradoxale que cette assertion puisse paraître, nous ne croyons pas que l'observation des autres hommes soit nécessaire au poète tragique. D'abord, en fait, nous trouvons que de très grands poètes ont mené une vie très retirée, très bourgeoise, sans que l'occasion leur ait été fournie de voir se déchaîner autour d'eux les passions dont ils ont tracé la description fidèle. Mais, à supposer qu'ils eussent eu ce spectacle, on se demande s'il leur aurait servi à grand-chose. Ce qui nous intéresse, en effet, dans l'œuvre du poète, c'est la vision de certains états d'âme très profonds ou de certains conflits tout intérieurs. Or, cette vision ne peut pas s'accomplir du dehors. Les âmes ne sont pas pénétrables les unes aux autres. Nous n'apercevons extérieurement que certains signes de la passion. Nous ne les interprétons — défectueusement d'ailleurs — que par analogie avec ce que nous avons éprouvé nous-mêmes. Ce que nous éprouvons est donc l'essentiel, et nous ne pouvons connaître à fond que notre propre cœur — quand nous arrivons à le connaître. Est-ce à dire que le poète ait éprouvé ce qu'il décrit, qu'il ait passé par les situations de ses personnages et vécu leur vie intérieure ? Ici encore la biographie des poètes nous donnerait un démenti. Comment supposer d'ailleurs que le même homme ait été Macbeth, Othello, Hamlet, le roi Lear, et tant d'autres encore ? Mais peut-être faudrait-il distinguer ici entre la personnalité qu'*on a* et celles qu'*on aurait pu* avoir. Notre caractère est l'effet d'un choix qui se renouvelle sans cesse. Il y a des points de bifurcation (au moins apparents) tout le long de notre route, et nous apercevons bien des directions possibles, quoique nous n'en puissions suivre qu'une seule. Revenir sur ses pas, suivre jusqu'au bout les directions entrevues, en cela paraît consister précisément l'imagination poétique. Je veux bien que Shakespeare n'ait été ni Macbeth, ni Hamlet, ni Othello ; mais il *eût été* ces personnages divers si les circonstances, d'une part, le consentement de sa volonté, de l'autre, avaient amené à l'état d'éruption violente ce qui ne fut chez lui que poussée intérieure. C'est se méprendre étrangement sur le rôle de l'imagination poétique que de croire qu'elle compose ses héros avec des morceaux empruntés à droite et à gauche autour d'elle, comme pour coudre un habit d'Arlequin. Rien de vivant ne sortirait de là. La vie ne se recompose pas. Elle se laisse regarder simplement. L'imagination poétique ne peut être qu'une vision plus complète de la réalité. Si les personnages que crée le poète nous donnent l'impression de la vie, c'est qu'ils sont le poète lui-même, le poète multiplié, le poète s'approfondissant lui-même dans un effort d'observation intérieure si puissant qu'il saisit le virtuel dans le réel et reprend, pour en faire une œuvre complète, ce que la nature laissa en lui à l'état d'ébauche ou de simple projet.

Tout autre est le genre d'observation d'où naît la comédie. C'est une observation extérieure. Si curieux que le poète comique puisse être des ridicules de la nature humaine, il n'ira pas, je pense, jusqu'à chercher les siens propres. D'ailleurs il ne les trouverait pas : nous ne sommes risibles que par le côté de notre personne qui se dérobe à notre conscience. C'est donc sur les autres hommes que cette observation s'exercera. Mais, par là même, l'observation prendra un caractère de généralité qu'elle ne peut pas avoir quand on la fait porter sur soi. Car, s'installant à la surface, elle n'atteindra plus que l'enveloppe des personnes, ce par où plusieurs d'entre elles se touchent et deviennent capables de se ressembler. Elle n'ira pas plus loin. Et lors même qu'elle le pourrait, elle ne le voudrait pas, parce qu'elle n'aurait rien à y gagner. Pénétrer trop avant dans la personnalité, rattacher l'effet extérieur à des causes trop intimes, serait compromettre et finalement sacrifier ce que l'effet avait de risible. Il faut, pour que nous soyons tentés d'en rire, que nous en localisions la cause dans une région moyenne de l'âme. Il faut, par conséquent, que l'effet nous apparaisse tout au plus comme moyen, comme exprimant une moyenne d'humanité. Et, comme toutes les moyennes, celle-ci s'obtient par des rapprochements de données éparses, par une comparaison entre des cas analogues dont on exprime la quintessence, enfin par un travail d'abstraction et de généralisation semblable à celui que le physicien opère sur les faits pour en dégager des lois. Bref, la méthode et l'objet sont de même nature ici que dans les sciences d'induction, en ce sens que l'observation est extérieure et le résultat généralisable.

Nous revenons ainsi, par un long détour, à la double conclusion qui s'est dégagée au cours de notre étude. D'un côté une personne n'est jamais ridicule que par une disposition qui ressemble à une distraction, par quelque chose qui vit sur elle sans s'organiser avec elle, à la manière d'un parasite : voilà pourquoi cette disposition s'observe du dehors et peut aussi se corriger. Mais, d'autre part, l'objet du rire étant cette correction même, il est utile que la correction atteigne du même coup le plus grand nombre possible de personnes. Voilà pourquoi l'observation comique va d'instinct au général. Elle choisit, parmi les singularités, celles qui sont susceptibles de se reproduire et qui, par conséquent, ne sont pas indissolublement liées à l'individualité de la personne, des singularités communes, pourrait-on dire. En les transportant sur la scène, elle crée des œuvres qui appartiendront sans doute à l'art en ce qu'elles ne viseront consciemment qu'à plaire, mais qui trancheront sur les autres œuvres d'art par leur caractère de généralité, comme aussi par l'arrière-pensée inconsciente de corriger et d'instruire.

Nous avions donc bien le droit de dire que la comédie est mitoyenne entre l'art et la vie. Elle n'est pas désintéressée comme l'art pur. En organisant le rire, elle accepte la vie sociale comme un milieu naturel ; elle suit même une des impulsions de la vie sociale. Et sur ce point elle tourne le dos à l'art, qui est une rupture avec la société et un retour à la simple nature.

## II

Voyons maintenant, d'après ce qui précède, comment on devra s'y prendre pour créer une disposition de caractère idéalement comique, comique en elle-même, comique dans ses origines, comique dans toutes ses manifestations. Il la faudra profonde, pour fournir à la comédie un aliment durable, superficielle cependant, pour rester dans le ton de la comédie, invisible à celui qui la possède puisque le comique est inconscient, visible au reste du monde pour qu'elle provoque un rire universel, pleine d'indulgence pour elle-même afin qu'elle s'étale sans scrupule, gênante pour les autres afin qu'ils la répriment sans pitié, corrigible immédiatement, pour qu'il n'ait pas été inutile d'en rire, sûre de renaître sous de nouveaux aspects, pour que le rire trouve à travailler toujours, inséparable de la vie sociale quoique insupportable à la société, capable enfin, pour prendre la plus grande variété de formes imaginable, de s'additionner à tous les vices et même à quelques vertus. Voilà bien les éléments à fondre ensemble. Le chimiste de l'âme auquel on aurait confié cette préparation délicate serait un peu désappointé, il est vrai, quand viendrait le moment de vider sa cornue. Il trouverait qu'il s'est donné beaucoup de mal pour recomposer un mélange qu'on se procure tout fait et sans frais, aussi répandu dans l'humanité que l'air dans la nature.

Ce mélange est la vanité. Je ne crois pas qu'il y ait de défaut plus superficiel ni plus profond. Les blessures qu'on lui fait ne sont jamais bien graves, et cependant elles ne veulent pas guérir. Les services qu'on lui rend sont les plus fictifs de tous les services ; pourtant ce sont ceux-là qui laissent derrière eux une reconnaissance durable. Elle-même est à peine un vice, et néanmoins tous les vices gravitent autour d'elle et tendent, en se raffinant, à n'être plus que des moyens de la satisfaire. Issue de la vie sociale, puisque c'est une admiration de soi fondée sur l'admiration qu'on croit inspirer aux autres, elle est plus naturelle encore, plus universellement innée que l'égoïsme, car de l'égoïsme la nature triomphe souvent, tandis que c'est par la réflexion seulement que nous venons à bout de la vanité. Je ne crois pas, en effet, que nous naissions jamais modestes, à moins qu'on ne veuille appeler encore modestie une certaine timidité toute physique, qui est d'ailleurs plus près de l'orgueil qu'on ne le pense. La modestie vraie ne peut être qu'une méditation sur la vanité. Elle naît du spectacle des illusions d'autrui et de la crainte de s'égarer soi-même. Elle est comme une circonspection scientifique à l'égard de ce qu'on dira et de ce qu'on pensera de soi. Elle est faite de corrections et de retouches. Enfin c'est une vertu acquise.

Il est difficile de dire à quel moment précis le souci de devenir modeste se sépare de la crainte de devenir ridicule. Mais cette crainte et ce souci se confondent sûrement à l'origine. Une étude complète des illusions de la vanité, et du ridicule qui s'y attache, éclairerait d'un jour singulier la théorie du rire. On y verrait le rire accomplir régulièrement une de ses fonctions principales, qui est de rappeler à la pleine conscience d'eux-mêmes les amours-propres distraits et d'obtenir ainsi la plus grande sociabilité possible des caractères. On verrait comment la vanité, qui est un produit naturel de la vie sociale, gêne cependant la société, de même que certains poisons légers sécrétés continuellement par notre organisme l'intoxiqueraient à la longue si d'autres sécrétions n'en neutralisaient l'effet. Le rire accomplit sans cesse un travail de ce genre. En ce sens, on pourrait dire que le remède spécifique de la vanité est le rire, et que le défaut essentiellement risible est la vanité.

Quand nous avons traité du comique des formes et du mouvement, nous avons montré comment telle ou telle image simple, risible par elle-même peut s'insinuer dans d'autres images plus complexes et leur infuser quelque chose de sa vertu comique : ainsi les formes les plus hautes du comique s'expliquent parfois par les plus basses. Mais l'opération inverse se produit peut-être plus souvent encore, et il y a des effets comiques très grossiers qui sont dus à la descente d'un comique très subtil. Ainsi la vanité, cette forme supérieure du comique, est un élément que nous sommes portés à rechercher minutieusement, quoique inconsciemment, dans toutes les manifestations de l'activité humaine. Nous la recherchons, ne fût-ce que pour en rire. Et notre imagination la met souvent là où elle n'a que faire. Il faudrait peut-être rapporter à cette origine le comique tout à fait grossier de certains effets que les psychologues ont insuffisamment expliqués par le contraste : un petit homme qui se baisse pour passer sous une grande porte ; deux personnes, l'une très haute, l'autre minuscule, qui marchent gravement en se donnant le bras, etc. En regardant de près cette dernière image, vous trouverez, je crois, que la plus petite des deux personnes vous paraît faire effort pour *se hausser* vers la plus grande, comme la grenouille qui veut se faire aussi grosse que le bœuf.

# III

Il ne saurait être question d'énumérer ici les particularités de caractère qui s'allient à la vanité, ou qui lui font concurrence, pour s'imposer à l'attention du poète comique. Nous avons montré que tous les défauts peuvent devenir risibles, et même, à la rigueur, certaines qualités. Lors même que la liste pourrait être dressée des ridicules connus, la comédie se chargerait de l'allonger, non pas sans doute en créant des ridicules de pure fantaisie, mais en démêlant des *directions* comiques qui avaient passé jusque-là inaperçues : c'est ainsi que l'imagination peut isoler dans le dessin compliqué d'un seul et même tapis des figures toujours nouvelles. La condition essentielle, nous le savons, est que la particularité observée apparaisse tout de suite comme une espèce de *cadre*, où beaucoup de personnes pourront s'insérer.

Mais il y a des cadres tout faits, constitués par la société elle-même, nécessaires à la société puisqu'elle est fondée sur une division du travail. Je veux parler des métiers, fonctions et professions. Toute profession spéciale donne à ceux qui s'y enferment certaines habitudes d'esprit et certaines particularités de caractère par où ils se ressemblent entre eux et par où aussi ils se distinguent des autres. De petites sociétés se constituent ainsi au sein de la grande. Sans doute elles résultent de l'organisation même de la société en général. Et pourtant elles risqueraient, si elles s'isolaient trop, de nuire à la sociabilité. Or le rire a justement pour fonction de réprimer les tendances séparatistes. Son rôle est de corriger la raideur en souplesse, de réadapter chacun à tous, enfin d'arrondir les angles. Nous aurons donc ici une espèce de comique dont les variétés pourraient être déterminées à l'avance. Nous l'appellerons, si vous voulez, le *comique professionnel.*

Nous n'entrerons pas dans le détail de ces variétés. Nous aimons mieux insister sur ce qu'elles ont de commun. En première ligne figure la vanité professionnelle. Chacun des maîtres de M. Jourdain met son art au-dessus de tous les autres. Il y a un personnage de Labiche qui ne comprend pas qu'on puisse être autre chose que marchand de bois. C'est, naturellement, un marchand de bois. La vanité inclinera d'ailleurs ici à devenir *solennité* à mesure que la profession exercée renfermera une plus haute dose de charlatanisme. Car c'est un fait remarquable que plus un art est contestable, plus ceux qui s'y livrent tendent à se croire investis d'un sacerdoce et à exiger qu'on s'incline devant ses mystères. Les professions utiles sont manifestement faites pour le public ; mais celles d'une utilité plus douteuse ne peuvent justifier leur existence qu'en supposant que le public est fait pour elles : or, c'est cette illusion qui est au fond de la solennité. Le comique des médecins de Molière vient en grande partie de là. Ils traitent le malade comme s'il avait été créé pour le médecin, et la nature elle-même comme une dépendance de la médecine.

Une autre forme de cette raideur comique est ce que j'appellerai l'*endurcissement professionnel*. Le personnage comique s'insérera si étroitement dans le cadre rigide de sa fonction qu'il n'aura plus de place pour se mouvoir, et surtout pour s'émouvoir, comme les autres hommes. Rappelons-nous le mot du juge Perrin Dandin à Isabelle, qui lui demande comment on peut voir torturer des malheureux :

Bah ! cela fait toujours passer une heure ou deux.

N'est-ce pas une espèce d'endurcissement professionnel que celui de Tartuffe, s'exprimant, il est vrai, par la bouche d'Orgon :

> Et je verrais mourir frère, enfants, mère et femme,
> Que je m'en soucierais autant que de cela !

Mais le moyen le plus usité de pousser une profession au comique est de la cantonner, pour ainsi dire, à l'intérieur du langage qui lui est propre. On fera que le juge, le médecin, le soldat appliquent aux choses usuelles la langue du droit, de la stratégie ou de la médecine, comme s'ils étaient devenus incapables de parler comme tout le monde. D'ordinaire, ce genre de comique est assez grossier. Mais il devient plus délicat, comme nous le disions, quand il décèle une particularité de caractère en même temps qu'une habitude professionnelle. Rappelons-nous le joueur de Régnard, s'exprimant avec tant d'originalité en termes de jeu, faisant prendre à son valet le nom d'Hector, en attendant qu'il appelle sa fiancée Pallas, du nom connu de la Dame de Pique, ou encore les Femmes savantes, dont le comique consiste, pour une bonne part, en ce qu'elles transposent les idées d'ordre scientifique en termes de sensibilité féminine : « Épicure *me plaît...* », « *J'aime* les tourbillons », etc. Qu'on relise le troisième acte : on verra qu'Armande, Philaminte et Bélise s'expriment régulièrement dans ce style.

En appuyant plus loin dans la même direction, on trouverait qu'il y a aussi une logique professionnelle, c'est-à-dire des manières de raisonner dont on fait l'apprentissage dans certains milieux, et qui sont vraies pour le milieu, fausses pour le reste du monde. Mais le contraste entre ces deux logiques, l'une particulière et l'autre universelle, engendre certains effets comiques d'une nature spéciale, sur lesquels il ne sera pas inutile de s'appesantir plus longuement. Nous touchons ici à un point important de la théorie du rire. Nous allons d'ailleurs élargir la question et l'envisager dans toute sa généralité.

# IV

Très préoccupés en effet de dégager la cause profonde du comique, nous avons dû négliger jusqu'ici une de ses manifestations les plus remarquées. Nous voulons parler de la logique propre au personnage comique et au groupe comique, logique étrange, qui peut, dans certains cas, faire une large place à l'absurdité.

Théophile Gautier a dit du comique extravagant que c'est la logique de l'absurde. Plusieurs philosophies du rire gravitent autour d'une idée analogue. Tout effet comique impliquerait contradiction par quelque côté. Ce qui nous fait rire, ce serait l'absurde réalisé sous une forme concrète, une « absurdité visible », – ou encore une apparence d'absurdité, admise d'abord, corrigée aussitôt, – ou mieux encore ce qui est absurde par un côté, naturellement explicable par un autre, etc. Toutes ces théories renferment sans doute une part de vérité ; mais d'abord elles ne s'appliquent qu'à certains effets comiques assez gros, et, même dans les cas où elles s'appliquent, elles négligent, semble-t-il, l'élément caractéristique du risible, c'est-à-dire le *genre tout particulier* d'absurdité que le comique contient quand il contient de l'absurde. Veut-on s'en convaincre ? On n'a qu'à choisir une de ces définitions et à composer des effets selon la formule : le plus souvent, on n'obtiendra pas un effet risible. L'absurdité, quand on la rencontre dans le comique, n'est donc pas une absurdité quelconque. C'est une absurdité déterminée. Elle ne crée pas le comique, elle en dériverait plutôt. Elle n'est pas cause, mais effet, – effet très spécial, où se reflète la nature spéciale de la cause qui le produit. Nous connaissons cette cause. Nous n'aurons donc pas de peine, maintenant, à comprendre l'effet.

Je suppose qu'un jour, vous promenant à la campagne, vous aperceviez au sommet d'une colline quelque chose qui ressemble vaguement à un grand corps immobile avec des bras qui tournent. Vous ne savez pas encore ce que c'est, mais vous cherchez parmi vos *idées,* c'est-à-dire ici parmi les souvenirs dont votre mémoire dispose, le souvenir qui s'encadrera le mieux dans ce que vous apercevez. Presque aussitôt, l'image d'un moulin à vent vous revient à l'esprit : c'est un moulin à vent que vous avez devant vous. Peu importe que vous ayez lu tout à l'heure, avant de sortir, des contes de fées avec des histoires de géants aux interminables bras. Le bon sens consiste à savoir se souvenir, je le veux bien, mais encore et surtout à savoir oublier. Le bon sens est l'effort d'un esprit qui s'adapte et se réadapte sans cesse, changeant d'idée quand il change d'objet. C'est une mobilité de l'intelligence qui se règle exactement sur la mobilité des choses. C'est la continuité mouvante de notre attention à la vie.

Voici maintenant Don Quichotte qui part en guerre. Il a lu dans ses romans que le chevalier rencontre des géants ennemis sur son chemin. Donc, il lui faut un géant. L'idée de géant est un souvenir privilégié qui s'est installé dans son esprit, qui y reste à l'affût, qui guette, immobile, l'occasion de se précipiter dehors et de s'incarner dans une chose. Ce souvenir *veut* se matérialiser, et dès lors le premier objet venu, n'eût-il avec la forme d'un géant qu'une ressemblance lointaine, recevra de lui la forme d'un géant. Don Quichotte verra donc des géants là où nous voyons des moulins à vent. Cela est comique, et cela est absurde. Mais est-ce une absurdité quelconque ?

C'est une inversion toute spéciale du sens commun. Elle consiste à prétendre modeler les choses sur une idée qu'on a, et non pas ses idées sur les choses. Elle consiste à voir devant soi ce à quoi l'on pense, au lieu de penser à ce qu'on voit. Le bon sens veut qu'on laisse tous ses souvenirs dans le rang ; le souvenir approprié répondra alors chaque fois à l'appel de la situation présente et ne servira qu'à l'interpréter. Chez Don Quichotte, au contraire, il y a un groupe de souvenirs qui commande aux autres et qui domine le personnage lui-même : c'est donc la réalité qui devra fléchir cette fois devant l'imagination et ne plus servir qu'à lui donner un corps. Une fois l'illusion formée, Don Quichotte la développe d'ailleurs raisonnablement dans toutes ses conséquences ; il s'y meut avec la sûreté et la précision du somnambule qui joue son rêve. Telle est l'origine de l'erreur, et telle est la logique spéciale qui préside ici à l'absurdité. Maintenant, cette logique est-elle particulière à Don Quichotte ?

Nous avons montré que le personnage comique pèche par obstination d'esprit ou de caractère, par distraction, par automatisme. Il y a au fond du comique une raideur d'un certain genre, qui fait qu'on va droit son chemin, et qu'on n'écoute pas, et qu'on ne veut rien entendre. Combien de scènes comiques, dans le théâtre de Molière, se ramènent à ce type simple : un *personnage qui suit son idée,* qui y revient toujours, tandis qu'on l'interrompt sans cesse. Le passage se ferait d'ailleurs insensiblement de celui qui ne veut rien entendre à celui qui ne veut rien voir, et enfin à celui qui ne voit plus que ce qu'il veut. L'esprit qui s'obstine finira par plier les choses à son idée, au lieu de régler sa pensée sur les choses. Tout personnage comique est donc sur la voie de l'illusion que nous venons de décrire, et Don Quichotte nous fournit le type général de l'absurdité comique.

Cette inversion du sens commun porte-t-elle un nom ? On la rencontre, sans doute, aiguë ou chronique, dans certaines formes de la folie. Elle ressemble par bien des côtés à l'idée fixe. Mais ni la folie en général ni l'idée fixe ne nous feront rire, car ce sont des maladies. Elles excitent notre pitié. Le rire, nous le savons, est incompatible avec l'émotion. S'il y a une folie risible, ce ne peut être qu'une folie conciliable avec la santé générale de l'esprit, une folie normale, pourrait-on dire. Or, il y a un état normal de l'esprit qui imite de tout point la folie, où l'on retrouve les mêmes associations d'idées que dans l'aliénation, la même logique singulière que dans l'idée fixe. C'est l'état de rêve. Ou bien donc notre analyse est inexacte, ou elle doit pouvoir se formuler dans le théorème suivant : *L'absurdité comique est de même nature que celle des rêves.*

D'abord, la marche de l'intelligence dans le rêve est bien celle que nous décrivions tout à l'heure. L'esprit, amoureux de lui-même, ne cherche plus alors dans le monde extérieur qu'un prétexte à matérialiser ses imaginations. Des sons arrivent encore confusément à l'oreille, des couleurs circulent encore dans le champ de la vision : bref, les sens ne sont pas complètement fermés. Mais le rêveur, au lieu de faire appel à tous ses souvenirs pour interpréter ce que ses sens perçoivent, se sert au contraire de ce qu'il perçoit pour donner un corps au souvenir préféré : le même bruit de vent soufflant dans la cheminée deviendra alors, selon l'état d'âme du rêveur, selon l'idée qui occupe son imagination, hurlements de bêtes fauves ou chant mélodieux. Tel est le mécanisme ordinaire de l'illusion du rêve.

Mais si l'illusion comique est une illusion de rêve, si la logique du comique est la logique des songes, on peut s'attendre à retrouver dans la logique du risible les diverses particularités de la logique du rêve. Ici encore va se vérifier la loi que nous connaissons bien : une forme du risible étant donnée, d'autres formes, qui ne contiennent pas le même fond comique, deviennent risibles par leur ressemblance extérieure avec la première. Il est aisé de voir, en effet, que tout jeu *d'idées* pourra nous amuser, pourvu qu'il nous rappelle, de près ou de loin, les jeux du rêve.

Signalons en premier lieu un certain relâchement général des règles du raisonnement. Les raisonnements dont nous rions sont ceux que nous savons faux, mais que nous pourrions tenir pour vrais si nous les entendions en rêve. Ils contrefont le raisonnement vrai tout juste assez pour tromper un esprit qui s'endort. C'est de la logique encore, si l'on veut, mais une logique qui manque de ton et qui nous repose, par là même, du travail intellectuel. Beaucoup de « traits d'esprit » sont des raisonnements de ce genre, raisonnements abrégés dont on ne nous donne que le point de départ et la conclusion. Ces jeux d'esprit évoluent d'ailleurs vers le jeu de mots à mesure que les relations établies entre les idées deviennent plus superficielles : peu à peu nous arrivons à ne plus tenir compte du sens des mots entendus, mais seulement du son. Ne faudrait-il pas rapprocher ainsi du rêve certaines scènes très comiques où un personnage répète systématiquement à contre-sens les phrases qu'un autre lui souffle à l'oreille ? Si vous vous endormez au milieu de gens qui causent, vous trouverez parfois que leurs paroles se vident peu à peu de leur sens, que les sons se déforment et se soudent ensemble au hasard pour prendre dans votre esprit des significations bizarres, et que vous reproduisez ainsi, vis-à-vis de la personne qui parle, la scène de Petit-Jean et du Souffleur.

Il y a encore des obsessions comiques, qui se rapprochent beaucoup, semble-t-il, des obsessions de rêve. À qui n'est-il pas arrivé de voir la même image reparaître dans plusieurs rêves successifs et prendre dans chacun d'eux une signification plausible, alors que ces rêves n'avaient pas d'autre point commun ? Les effets de répétition présentent quelquefois cette forme spéciale au théâtre et dans le roman : certains d'entre eux ont des résonances de rêve. Et peut-être en est-il de même du refrain de bien des chansons : il s'obstine, il revient, toujours le même, à la fin de tous les couplets, chaque fois avec un sens différent.

Il n'est pas rare qu'on observe dans le rêve un crescendo particulier, une bizarrerie qui s'accentue à mesure qu'on avance. Une première concession arrachée à la raison en entraîne une seconde, celle-ci une autre plus grave, et ainsi de suite jusqu'à l'absurdité finale. Mais cette marche à l'absurde donne au rêveur une sensation singulière. C'est, je pense, celle que le buveur éprouve quand il se sent glisser agréablement vers un état où rien ne comptera plus pour lui, ni logique ni convenances. Voyez maintenant si certaines comédies de Molière ne donneraient pas la même sensation : par exemple Monsieur de Pourceaugnac, qui commence presque raisonnablement et se continue par des excentricités de toute sorte, par exemple encore le Bourgeois gentilhomme, où les personnages, à mesure qu'on avance, ont l'air de se laisser entraîner dans un tourbillon de folie. « Si l'on en peut voir un plus fou, je l'irai dire à Rome » : ce mot, qui nous avertit que la pièce est terminée, nous fait sortir du rêve de plus en plus extravagant où nous nous enfoncions avec M. Jourdain.

Mais il y a surtout une démence qui est propre au rêve. Il y a certaines contradictions spéciales, si naturelles à l'imagination du rêveur, si choquantes pour la raison de l'homme éveillé, qu'il serait impossible d'en donner une idée exacte et complète à celui qui n'en aurait pas eu l'expérience. Nous faisons allusion ici à l'étrange fusion que le rêve opère souvent entre deux personnes qui n'en font plus qu'une et qui restent pourtant distinctes. D'ordinaire, l'un des personnages est le dormeur lui-même. Il sent qu'il n'a pas cessé d'être ce qu'il est ; il n'en est pas moins devenu un autre. C'est lui et ce n'est pas lui. Il s'entend parler, il se voit agir, mais il sent qu'un autre lui a emprunté son corps et lui a pris sa voix. Ou bien encore il aura conscience de parler et d'agir comme à l'ordinaire ; seulement il parlera de lui comme d'un étranger avec lequel il n'a plus rien de commun ; il se sera détaché de lui-même. Ne retrouverait-on pas cette confusion étrange dans certaines scènes comiques ? je ne parle pas d'*Amphitryon*, où la confusion est sans doute suggérée à l'esprit du spectateur, mais où le gros de l'effet comique vient plutôt de ce que nous avons appelé plus haut une « interférence de deux séries ». Je parle des raisonnements extravagants et comiques où cette confusion se rencontre véritablement à l'état pur, encore qu'il faille un effort de réflexion pour la dégager. Écoutez par exemple ces réponses de Mark Twain au reporter qui vient l'interviewer : « Avez-vous un frère ? – Oui ; nous l'appelions Bill.

Pauvre Bill ! – Il est donc mort ? – C'est ce que nous n'avons jamais pu savoir. Un grand mystère plane sur cette affaire. Nous étions, le défunt et moi, deux jumeaux, et nous fûmes, à l'âge de quinze jours, baignés dans le même baquet. L'un de nous deux s'y noya, mais on n'a jamais su lequel. Les uns pensent que c'était Bill, d'autres que c'était moi. – Étrange. Mais vous, qu'en pensez-vous ? – Écoutez, je vais vous confier un secret que je n'ai encore révélé à âme qui vive. L'un de nous deux portait un signe particulier, un énorme grain de beauté au revers de la main gauche ; et celui-là, c'était moi. Or, c'est cet enfant-là qui s'est noyé... etc. » En y regardant de près, on verra que l'absurdité de ce dialogue n'est pas une absurdité quelconque. Elle disparaîtrait si le personnage qui parle n'était pas précisément l'un des jumeaux dont il parle. Elle tient à ce que Mark Twain déclare être un de ces jumeaux, tout en s'exprimant comme s'il était un tiers qui raconterait leur histoire. Nous ne procédons pas autrement dans beaucoup de nos rêves.

# V

Envisagé de ce dernier point de vue, le comique nous apparaîtrait sous une forme un peu différente de celle que nous lui prêtions. Jusqu'ici, nous avions vu dans le rire un moyen de correction surtout. Prenez la continuité des effets comiques, isolez, de loin en loin, les types dominateurs : vous trouverez que les effets intermédiaires empruntent leur vertu comique à leur ressemblance avec ces types, et que les types eux-mêmes sont autant de modèles d'impertinence vis-à-vis de la société. À ces impertinences la société réplique par le rire, qui est une impertinence plus forte encore. Le rire n'aurait donc rien de très bienveillant. Il rendrait plutôt le mal pour le mal.

Ce n'est pourtant pas là ce qui frappe d'abord dans l'impression du risible. Le personnage comique est souvent un personnage avec lequel nous commençons par sympathiser matériellement. Je veux dire que nous nous mettons pour un très court instant à sa place, que nous adoptons ses gestes, ses paroles, ses actes, et que si nous nous amusons de ce qu'il y a en lui de risible, nous le convions, en imagination, à s'en amuser avec nous : nous le traitons d'abord en camarade. Il y a donc chez le rieur une apparence au moins de bonhomie, de jovialité aimable, dont nous aurions tort de ne pas tenir compte. Il y a surtout dans le rire un mouvement de *détente*, souvent remarqué, dont nous devons chercher la raison. Nulle part cette impression n'était plus sensible que dans nos derniers exemples. C'est là aussi, d'ailleurs, que nous en trouverons l'explication.

Quand le personnage comique suit son idée automatiquement, il finit par penser, parler, agir comme s'il rêvait. Or le rêve est une détente. Rester en contact avec les choses et avec les hommes, ne voir que ce qui est et ne penser que ce qui se tient, cela exige un effort ininterrompu de tension intellectuelle. Le bon sens est cet effort même. C'est du travail. Mais se détacher des choses et pourtant apercevoir encore des images, rompre avec la logique et pourtant assembler encore des idées, voilà qui est simplement du jeu ou, si l'on aime mieux, de la paresse. L'absurdité comique nous donne donc d'abord l'impression d'un jeu d'idées. Notre premier mouvement est de nous associer à ce jeu. Cela repose de la fatigue de penser.

Mais on en dirait autant des autres formes du risible. Il y a toujours au fond du comique, disions-nous, la tendance à se laisser glisser le long d'une pente facile, qui est le plus souvent la pente de l'habitude. On ne cherche plus à s'adapter et à se réadapter sans cesse à la société dont on est membre. On se relâche de l'attention qu'on devrait à la vie. On ressemble plus ou moins à un distrait. Distraction de la volonté, je l'accorde, autant et plus que de l'intelligence. Distraction encore cependant, et, par conséquent, paresse. On rompt avec les convenances comme on rompait tout à l'heure avec la logique. Enfin on se donne l'air de quelqu'un qui joue. Ici encore notre premier mouvement est d'accepter l'invitation à la paresse. Pendant un instant au moins, nous nous mêlons au jeu. Cela repose de la fatigue de vivre.

Mais nous ne nous reposons qu'un instant. La sympathie qui peut entrer dans l'impression du comique est une sympathie bien fuyante. Elle vient, elle aussi, d'une distraction. C'est ainsi qu'un père sévère va s'associer quelquefois, par oubli, à une espièglerie de son enfant, et s'arrête aussitôt pour la corriger.

Le rire est, avant tout, une correction. Fait pour humilier, il doit donner à la personne qui en est l'objet une impression pénible. La société se venge par lui des libertés qu'on a prises avec elle. Il n'atteindrait pas son but s'il portait la marque de la sympathie et de la bonté.

Dira-t-on que l'intention au moins peut être bonne, que souvent on châtie parce qu'on aime, et que le rire, en réprimant les manifestations extérieures de certains défauts, nous invite ainsi, pour notre plus grand bien, à corriger ces défauts eux-mêmes et à nous améliorer intérieurement ?

Il y aurait beaucoup à dire sur ce point. En général et en gros, le rire exerce sans doute une fonction utile. Toutes nos analyses tendaient d'ailleurs à le démontrer. Mais il ne suit pas de là que le rire frappe toujours juste, ni qu'il s'inspire d'une pensée de bienveillance ou même d'équité.

Pour frapper toujours juste, il faudrait qu'il procédât d'un acte de réflexion. Or le rire est simplement l'effet d'un mécanisme monté en nous par la nature, ou, ce qui revient à peu près au même, par une très longue habitude de la vie sociale. Il part tout seul, véritable riposte du tac au tac. Il n'a pas le loisir de regarder chaque fois où il touche. Le rire châtie certains défauts à peu près comme la maladie châtie certains excès, frappant des innocents, épargnant des coupables, visant à un résultat général et ne pouvant faire à chaque cas individuel l'honneur de l'examiner séparément. Il en est ainsi de tout ce qui s'accomplit par des voies naturelles au lieu de se faire par réflexion consciente. Une moyenne de justice pourra apparaître dans le résultat d'ensemble, mais non pas dans le détail des cas particuliers.

En ce sens, le rire ne peut pas être absolument juste. Répétons qu'il ne doit pas non plus être bon. Il a pour fonction d'intimider en humiliant. Il n'y réussirait pas si la nature n'avait laissé à cet effet, dans les meilleurs d'entre les hommes, un petit fonds de méchanceté, ou tout au moins de malice. Peut-être vaudra-t-il mieux que nous n'approfondissions pas trop ce point. Nous n'y trouverions rien de très flatteur pour nous. Nous verrions que le mouvement de détente ou d'expansion n'est qu'un prélude au rire, que le rieur rentre tout de suite en soi, s'affirme plus ou moins orgueilleusement lui-même, et tendrait à considérer la personne d'autrui comme une marionnette dont il tient les ficelles. Dans cette présomption nous démêlerions d'ailleurs bien vite un peu d'égoïsme, et, derrière l'égoïsme lui-même, quelque chose de moins spontané et de plus amer, je ne sais quel pessimisme naissant qui s'affirme de plus en plus à mesure que le rieur raisonne davantage son rire.

Ici, comme ailleurs, la nature a utilisé le mal en vue du bien. C'est le bien surtout qui nous a préoccupé dans toute cette étude. Il nous a paru que la société, à mesure qu'elle se perfectionnait, obtenait de ses membres une souplesse d'adaptation de plus en plus grande, qu'elle tendait à s'équilibrer de mieux en mieux au fond, qu'elle chassait de plus en plus à sa surface les perturbations inséparables d'une si grande masse, et que le rire accomplissait une fonction utile en soulignant la forme de ces ondulations.

C'est ainsi que des vagues luttent sans trêve à la surface de la mer, tandis que les couches inférieures observent une paix profonde. Les vagues s'entrechoquent, se contrarient, cherchent leur équilibre. Une écume blanche, légère et gaie, en suit les contours changeants. Parfois le flot qui fait abandonne un peu de cette écume sur le sable de la grève. L'enfant qui joue près de là vient en ramasser une poignée, et s'étonne, l'instant d'après, de n'avoir plus dans le creux de la main que quelques gouttes d'eau, mais d'une eau bien plus salée, bien plus amère encore que celle de la vague qui l'apporta. Le rire naît ainsi que cette écume. Il signale, à l'extérieur de la vie sociale, les révoltes superficielles. Il dessine instantanément la forme mobile de ces ébranlements. Il est, lui aussi, une mousse à base de sel. Comme la mousse, il pétille. C'est de la gaîté. Le philosophe qui en ramasse pour en goûter y trouvera d'ailleurs quelquefois, pour une petite quantité de matière, une certaine dose d'amertume.

# Appendice de la 23e édition

## *Sur les définitions du comique et sur la méthode suivie dans ce livre.*

Dans un intéressant article de la *Revue du Mois* [5], M. Yves Delage opposait à notre conception du comique la définition à laquelle il s'était arrêté lui-même : « Pour qu'une chose soit comique, disait-il, il faut qu'entre l'effet et la cause il y ait désharmonie. » Comme la méthode qui a conduit M. Delage à cette définition est celle que la plupart des théoriciens du comique ont suivie, il ne sera pas inutile de montrer par où la nôtre en diffère. Nous reproduirons donc l'essentiel de la réponse que nous publiâmes dans la même revue [6] :

« On peut définir le comique par un ou plusieurs caractères généraux, extérieurement visibles, qu'on aura rencontrés dans des effets comiques çà et là recueillis. Un certain nombre de définitions de ce genre ont été proposées depuis Aristote ; la vôtre me paraît avoir été obtenue par cette méthode : vous tracez un cercle, et vous montrez que des effets comiques, pris au hasard, y sont inclus. Du moment que les caractères en question ont été notés par un observateur perspicace, ils appartiennent, sans doute, à ce qui est comique ; mais je crois qu'on les rencontrera souvent, aussi, dans ce qui ne l'est pas. La définition sera généralement trop large. Elle satisfera — ce qui est déjà quelque chose, je le reconnais — à l'une des exigences de la logique en matière de définition : elle aura indiqué quelque condition né-

---

[5] *Revue du Mois*, 10 août 1919 ; t. XX, p. 337 et suiv.
[6] *Ibid.*, 10 nov. 1919 ; XX, p. 514 et suiv.

cessaire. Je ne crois pas qu'elle puisse, vu la méthode adoptée, donner la condition suffisante. La preuve en est que plusieurs de ces définitions sont également acceptables, quoiqu'elles ne disent pas la même chose. Et la preuve en est surtout qu'aucune d'elles, à ma connaissance, ne fournit le moyen de construire l'objet défini, de fabriquer du comique [7].

« J'ai tenté quelque chose de tout différent. J'ai cherché dans la comédie, dans la farce, dans l'art du clown, etc., les *procédés de fabrication* du comique. J'ai cru apercevoir qu'ils étaient autant de variations sur un thème plus général. J'ai noté le thème, pour simplifier ; mais ce sont surtout les variations qui importent. Quoi qu'il en soit, le thème fournit une définition générale, qui est cette fois une règle de construction. Je reconnais d'ailleurs que la définition ainsi obtenue risquera de paraître, à première vue, trop étroite, comme les définitions obtenues par l'autre méthode étaient trop larges. Elle paraîtra trop étroite, parce que, à côté de la chose qui est risible par essence et par elle-même, risible en vertu de sa structure interne, il y a une foule de choses qui font rire en vertu de quelque ressemblance superficielle avec celle-là, ou de quelque rapport accidentel avec une autre qui ressemblait à celle-là, et ainsi de suite ; le rebondissement du comique est sans fin, car nous aimons à rire et tous les prétextes nous sont bons ; le mécanisme des associations d'idées est ici d'une complication extrême ; de sorte que le psychologue qui aura abordé l'étude du comique avec cette méthode, et qui aura dû lutter contre des difficultés sans cesse renaissantes au lieu d'en finir une bonne fois avec le comique en l'enfermant dans une formule, risquera toujours de s'entendre dire qu'il n'a pas rendu compte de tous les faits. Quand il aura appliqué sa théorie aux exemples qu'on lui oppose, et prouvé qu'ils sont devenus comiques par ressemblance avec ce qui était comique en soi-même, on en trouvera facilement d'autres, et

---

[7] Nous avons d'ailleurs brièvement montré, en maint passage de notre livre, l'insuffisance de telle ou telle d'entre elles.

d'autres encore : il aura toujours à travailler. En revanche, il aura étreint le comique, au lieu de l'enclore dans un cercle plus ou moins large. Il aura, s'il réussit, donné le moyen de fabriquer du comique. Il aura procédé avec la rigueur et la précision du savant, qui ne croit pas avoir avancé dans la connaissance d'une chose quand il lui a décerné telle ou telle épithète, si juste soit-elle (on en trouve toujours beaucoup qui conviennent) : c'est une analyse qu'il faut, et l'on est sûr d'avoir parfaitement analysé quand on est capable de recomposer. Telle est l'entreprise que j'ai tentée.

« J'ajoute qu'en même temps que j'ai voulu déterminer les procédés de fabrication du risible, j'ai cherché quelle est l'intention de la société quand elle rit. Car il est très étonnant qu'on rie, et la méthode d'explication dont je parlais plus haut n'éclaircit pas ce petit mystère. Je ne vois pas, par exemple, pourquoi la « désharmonie », en tant que désharmonie, provoquerait de la part des témoins une manifestation spécifique telle que le rire, alors que tant d'autres propriétés, qualités ou défauts, laissent impassibles chez le spectateur les muscles du visage. Il reste donc à chercher *quelle est la cause spéciale de désharmonie* qui donne l'effet comique ; et on ne l'aura réellement trouvée que si l'on peut expliquer par elle pourquoi, en pareil cas, la société se sent tenue de manifester. Il faut bien qu'il y ait dans la cause du comique quelque chose de légèrement attentatoire (et de spécifiquement attentatoire) à la vie sociale, puisque la société y répond par un geste qui a tout l'air d'une réaction défensive, par un geste qui fait légèrement peur. C'est de tout cela que j'ai voulu rendre compte. »